# 博戏

## 中国古代体育文物展


福建博物院

中国文物交流中心

四川博物院

陕西历史博物馆

河南博物院

宁夏自治区博物馆

鄂尔多斯博物馆

成都体育学院博物馆



译林出版社

博书堂文化

图书在版编目（CIP）数据

博·戏：中国古代体育文物展 / 福建博物院编．
-- 南京：译林出版社，2015.10
ISBN 978-7-5447-5914-4

Ⅰ．①博… Ⅱ．①福… Ⅲ．①体育器材—文物—中国—古代 Ⅳ．①K875.92

中国版本图书馆 CIP 数据核字（2015）第 256553 号

---

书　　名　博·戏——中国古代体育文物展
编　　者　福建博物院
责任编辑　张 遇　陆晨希
美术编辑　郭 凡
出版发行　凤凰出版传媒股份有限公司
　　　　　译林出版社
出版社地址　南京市湖南路 1 号 A 楼，邮编：210009
电子邮箱　yilin@yilin.com
出版社网址　http://www.yilin.com
经　　销　凤凰出版传媒股份有限公司
印　　刷　南京爱德印刷有限公司
开　　本　889 毫米 ×1194 毫米　1/16
印　　张　13.25
版　　次　2015 年 10 月第 1 版　2015 年 10 月第 1 次印刷
书　　号　978-7-5447-5914-4
定　　价　380.00 元

博·戏 —— 中国古代体育文物展


**主编**
福建博物院

**展览主办**
全国第一届青年运动会组委会文化教育部
福建省文化厅

**展览承办**
福建博物院

**参展单位**
中国文物交流中心
四川博物院
河南博物院
陕西历史博物馆
宁夏自治区博物馆
成都体育学院博物馆
鄂尔多斯博物馆

**总顾问**
陈秋平

**总策划**
吴志跃

**策　划**
王　军　盛建武　田　凯　成建正　李进增
窦志斌　刘　青　陈淑琤　龚张念　张焕新

**编辑委员会**
周　明　郝　勤　谢志成　孙淑慧　谢　丹
孙　鹏　李　锐　李　杨　高　潇　李　琴
贺达炘　李海东　高晓燕　林　丹　林　林
汪　震　邱新宇　陈梓生　曾凌颂　宋秀平

# 目录

# 前　言

体育是一种独特的文化，当它从远古人的生存劳动中独立出来的时候，即被赋予了竞技的、游戏的、健身的以及教育的内涵和功效。一提起体育，就会让人想到一个个龙腾虎跃的场景，想到力量与健美、竞技与游戏，想到朝气蓬勃的青春与德体兼修的人生。

中国古代体育是中华民族劳动与智慧的结晶，也是中国古代文明的重要组成部分。中国古代先民为了生存，在同大自然的斗争和相处中，发展了赛跑、跳跃、投掷、角力、剑击、射箭等与生产、生活密切相关的活动，这些以较量体力的竞技可谓之“博”；早在帝尧时代就有《击壤歌》，壤是形状如鞋的木块，参赛者手持一壤，投击三四十步外的地上一壤，中者为胜，这也许是中国最早出现的较规则的游戏性投掷项目，是以比赛智力为娱乐的“戏”之一。

荟萃多家博物馆珍藏文物的“博·戏——中国古代体育文物展”，由第一届全国青年运动会组委会文化教育部和福建省文化厅主办，福建博物院承办，中国文物交流中心、四川博物院、陕西历史博物馆、河南博物院、宁夏博物馆、鄂尔多斯博物馆和成都体育学院博物馆多家单位参与，已由福建省人民政府确定作为10月18日举行的第一届全国青年运动会文化教育项目之一。展览将通过一件件精美的文物，生动介绍形成、发展于中国古代社会传统文化氛围之中，具有悠久历史的传统体育项目，诸如球类、武艺、棋类、赛马、民俗游乐等活动的产生、发展和演变过程，使来自全国各地的青少年运动员在文化、教育和体育竞赛之间获得最大程度的融合、交流，从而开拓视野、启迪心智。

福建博物院院长　吴志跃

# 致辞



我国古代体育历史悠久，内容博大精深，见诸于典籍和流传至今的体育项目达百余项之多，堪称东方古代体育文化的典型代表，其中就包含了非常多的体育教育的内容。先秦时期，以六艺为内容的学校教育，以培养文武兼备、和谐发展的人才为出发点，教育内容主要是“六艺”，即礼、乐、射、御、书、数，其中的射和御实际上就是体育教育的内容。儒家学派创始人孔子便是一位文武并重的伟大教育家，他明确提出了“文武兼备”的教育思想。孔子精于射御，曾亲自带领学生习射。他的不少关于射礼的言论，表现了他把道德礼仪与体育相互结合的观念。

汉代以后，中国古代体育活动内容越来越丰富，对体育道德礼仪等提倡新的要求，如射箭、投壶、剑术、棋艺等，常被士人用作自我道德修养的手段。而蹴鞠等均制定了严格的比赛规则，如在汉代《蹴鞠铭》中规定了要求队员公平竞争,而裁判则需公正执法。宋代蹴鞠行会组织“齐云社”,有“齐云戒文”、“十紧要”、“十禁戒”、“十不踢”、“十不赛”等规定。反映出蹴鞠活动在我国古代不仅是一个重要的体育娱乐活动，同时还具有很强的教育意义。中国古代体育所体现出的在教育方面的价值和意义，值得我们现代社会提倡。

青年是国家的未来、民族的希望，“国家的命运，有赖于对青年的教育”。体育作为教育的一种手段和方式，历来受到各个国家和政府的重视。青年运动会的设立，正是希望通过体育运动这一平台，对青少年开展文化教育活动，促进奥林匹克精神的传承与持续发展，实现文化、教育和体育竞赛的完美融合，使青年运动员在各种活动中受到教育启迪、终身受益。

为配合全国首届青运会的举办，由青运会组委会文化教育部和福建省文化厅主办，福建博物院承办，中国文物交流中心、四川博物院、陕西历史博物馆、河南博物院、宁夏博物馆、鄂尔多斯博物馆和成都体育学院博物馆多家单位参与的“博·戏——中国古代体育文物展”，将在福建博物院隆重推出。该展览通过体育届和文博界的跨界合作，多馆联合并依托大型赛事举行体育题材文物专题展览，向观众奉献出一批珍藏的体育文物，以使观众在感受、品赏这些难得一见的珍稀文物的同时，认识和了解中国历史悠久、内容丰富多彩的传统体育文化。

预祝“博·戏——中国古代体育文物展”取得圆满成功！

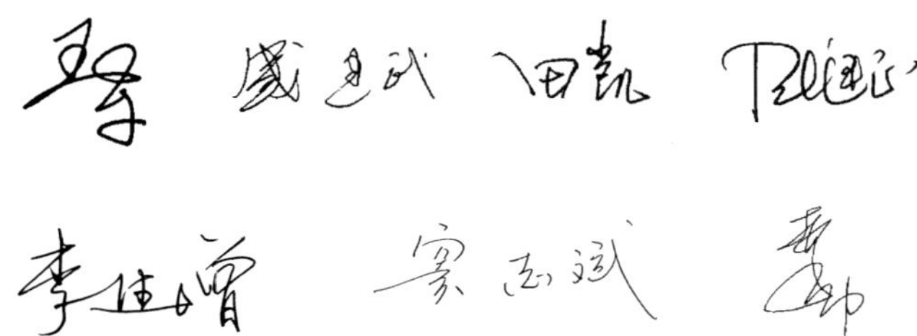

## 策展思路



中国传统体育文化历史悠久、博大精深，是中华民族先民共同创造的身体文化活动形态，同时也是中国传统文化的有机组成之一。作为世界文明古国，中国在数千年历史中创造出了堪与古希腊媲美的体育文化，其中既有蹴鞠（足球）、击鞠（马球）、捶丸（类似于今高尔夫球）等经典体育运动形态，也有大量至今仍流行于民间的体育活动，如射箭、摔跤、武术、导引和龙舟、龙狮等。这些古代体育文化除记载于各类文献典籍之外，更以实体性文物形态保存下来，让今人得以形象而直观地了解和欣赏中国数千年的体育文化。

由于种种原因，中国古代体育文物分散于国内各大博物馆，除一些小型的临时性专题展览外，国内文博界从未对体育文物进行过系统全面的梳理，也未举办过大型的体育文物展。因此，借助当前文化大发展的契机，整合国内文博系统与体育系统的资源与优势，利用奥运会、全运会等国内外大型体育赛事举办“中国古代体育文物展”，可以为我国的文化建设和文博事业提供新的亮点，有力推动国内的体育文化建设，为中外体育文化交流和宣传中国悠久灿烂的体育文化提供新的窗口和平台。

2014年8月南京青奥会期间，由南京博物院、四川博物院、陕西历史博物馆、河南博物院、成都体育学院博物馆联合举办的“博·戏——中国古代体育文物展”在南京博物院举行了首站，在三个月的展期中吸引了62万人次的观众参观。此后，在2015年8月鄂尔多斯第十届全国少数民族传统体育运动会期间，由中国文物交流中心、鄂尔多斯博物馆、四川博物院、河南博物院、陕西历史博物馆、南京博物院、内蒙古博物院、宁夏博物院及成都体育学院博物馆联合举办的“竞技·游戏——历史上的北方少数民族体育”文物展开展。两次展览均受到大家热烈欢迎与普遍好评，同时也得到国家体育总局的高度肯定和支持，中国文物交流中心也认为此项目很好，力荐推到国外展出，新华社、腾讯等多家媒体进行了报道。“中国古代体育文物展”显示了中国古代体育文化的巨大魅力与影响，也凸显了其在展陈、教育、研究及对外文化交流的巨大价值。

今年10月，全国首届青年运动会在福建省福州市隆重举行，由全国第一届青年运动会组委会文化教育部、福建省文化厅主办，福建博物院承办，中国文物交流中心、四川博物院、河南博物院、陕西历史博物馆、宁夏博物馆、鄂尔多斯博物馆、成都体育学院博物馆作为参展单位，在福建博物院举办“博·戏——中国古代体育文物展”，突出青年、运动、教育这一主题，并将其作为本届青年运动会的重要文化教育活动内容。

“中国古代体育文物展”采取体育界与文博界跨界合作、多家博物馆联合展出及依托国内外大型体育赛事的形式进行巡展。每一站展览不是简单的巡回展出，而是紧扣主办城市的博物馆特色和运动会的主题，深挖中华传统体育文化的内涵，为提升赛事文化品位助力。青年运动会是接轨青奥会的国内仅次于全运会的最高级别赛事，对青年运动员的影响巨大，在青运会期间举办体育文物展将突出其文化和教育功能，重点挖掘中国古代体育项目在培养人和教育人方面的意义和价值，我们希望通过该展览能够为中国青年运动员的教育做出积极的贡献。

# 中国传统体育文化概览

文 / 成都体育学院 郝勤 宋秀平 李杨 高潇

体育，是人类历史上一个层次复杂而又不断变化和发展的社会文化现象。中国古代虽无“体育”一词，但却存在着绚丽多姿、丰富多彩的体育活动。有着悠久历史和鲜明民族风格的中国古代体育，是古代中华民族的劳动与智慧的结晶，也是中国古代文明的重要组成部分。在中华民族的历史上，古代体育的表现形式和发展都取决于当时社会的整体需要，服从于当时人们的价值取向，因而呈现出鲜明的时代色彩，洋溢着强烈的时代精神。它的奇光异彩，在历史上曾经吸引和影响过世界许多民族，以致不少源于中国传统体育活动至今还在世界各地流行，成为世界体育文化的重要组成部分。

## 一、中国古代体育的发展脉络

中国古代体育源远流长，其初始可以上溯到史前时期的蛮荒时代。远古先民们在采集、渔猎的生活中，逐渐创造出不少劳动工具，如石球、石簇、舟楫、钓钩等。由于求食与自卫的需要，人们在使用原始工具的同时，投掷、射箭、游泳、奔跑、跳跃、攀登以及垂钓等也成为他们日常生活中最经常的肢体活动。虽然当时这些与身体有关的活动并不是以增进健康为直接目的，但是这些活动的内容与方式，却是早期体育产生的根源。

随着史前人类社会生产的发展、社会生活的变化和人类文化的进步，原始状态的体育活动，诸如球类活动、射箭、角力、射击，甚至是保健养生体育，以及各种与后世体育项目有关的运动器械，开始初具雏形，原始体育的内容得到了进一步的丰富。这里，推动原始体育的发生和发展并使其日益呈现体系化的，除了人类生产技能和器械的进化外，还有原始的军事活动、教育、娱乐、宗教祭祀以及医疗活动等等，而原始军事战争的出现，更直接加速了古代早期体育活动的发展。

夏商周时期，是中国奴隶制社会产生、发展及向封建社会转化的重要历史时期。随着社会制度的健全和文化经济生活的进步，中国古代体育在继承了原始社会雏形的基础上，开始逐渐形成发展。其中，军事战争的频繁促使人们重视了体育的某些活动形式，统治者出于祭祀、朝会大礼等诸种礼仪的需要，客观上也为许多体育活动形式制定了某些法规，这可以说是最初的运动法规。同时，由于礼制服务的需要，部分体育活动形式被列为教育内容，亦对古代体育的发展产生了一定的影响。

这一时期体育活动形式的主要特点是体现在其教育性、军事性和民间性三个方面。由于礼仪教育的盛行，一些体育项目，如射箭、御术等被列为教育内容；而军事活动的频仍，又使得拳搏、器械技击和有关跑、跳等原始的"田径"活动，甚至前述的射箭和御术等，都成了军事训练的主要形式；与此同时，许多民间的体育形式，包括各种体育游戏内容，如球类运动、水上运动、棋类活动以及保健养生术等，亦开始初步发展起来。可以说，特殊的社会历史环境和多变的生活方式，使步入形成时期的古代体育不断获得项目、不断获得充实和提高，新兴项目日益流行于社会并初放异彩，呈现出一派生机勃勃、气象万千的景象，成为中国古代体育运动发展史上的奠基时代。

秦汉三国时代，正处于中国封建社会的上升时期，统一的多民族帝国的建立，政治、经济和文化的发展，尤其是人民生活较长时期的相对安定，加速了全国各个地区不同的文化传统和风俗习惯的相互交融的过程，为体育的全面勃兴创造了有利条件，中国古代体育也由此走上了初步兴盛的时期。商周时期各项已具雏形的丰富多彩的体育活动基本上得到了继承，有些运动项目开始向规划化方向发展；同时，一些新的体育活动形式陆续产生；某些独具特色的体育活动亦初步自成体系。这一时期的古代体育，在多元化、定型化和普及化诸方面均获得了前所未有的发展，因此，该时期是中国古代体育发展史上承前启后的重要时期。期间虽有秦王朝的专横暴虐给体育娱乐事业带来短暂黑暗，但很快为两汉之际体坛的复兴与繁荣所取代。总括说来，这个时期中国体育活动规模较大，并开始逐渐演化成为几大具有多种形式、较具稳定性的活动体系，如球类、武术、"田径"、保健养生、技巧、水上和棋类活动等，而且，各类活动形式均有较规范的运动规则并得到普及。同时，寓军事训练于体育娱乐的思想也在社会各阶层达到了较充分的体现。从整体上来说，在整个中国一直流行不衰的传统体育文化，在这一时期所显现出来的体育风尚，无不与时代同步而闪烁着蓬勃向上、锐意进取的时代精神，并呈现着尚武任侠、竞争拼搏的英姿雄风、洋溢着神采飞扬、兴奋活泼的欢乐气氛。

魏晋南北朝到隋唐五代，中国的封建社会经历了从战乱频仍、分裂割据到一统帝国、社会高度发展的变化时期。魏晋南北朝之际，受社会发展的影响，中国古代体育发展极不平衡。一方面，许多运动项目，如球类运动，技巧运动等渐趋衰落，文弱之风蔓延于士人之中。社会风气中重“养神”“养性”、轻“养形”“养身”的习俗，直接导致体育从根本上抹杀了锻炼身体、增强体质的意义；另一方面，由于战争的刺激，武术及与之相关的身体活动又在一定氛围内有所发展。但是，由于这一时期正处于一个民族大融合的时代，各民族的发展和交流在客观上又为其后隋唐时期体育重新繁荣奠定了基础。

随着隋唐时代统一帝国的建立和人民社会生活开始趋于稳定，特别是封建统治者对军事和科举（包括武举）制度的重视，体育活动得到全面勃兴，出现了鼎盛局面。首先，已呈体系化的各类体育活动形式更具多样性，射箭、球类、武术、保健养生、技巧、水上运动、棋类以及各种民俗游乐活动形式等，都初具规模，其活动规则和技术方法等均有脉络可寻。由此带来的变化是，各类体育活动形式进一步深入到社会的各阶层，其中一个重要的特点就是参与体育活动的妇女逐渐增加，体现了社会稳定时期的民众对体育运动的需求；其次，随着国内各民族之间及中外民族之间文化的交流，许多中国传统的体育运动项目，如球类、相扑、围棋等传播到了海外，而传入的不少运动形式，又影响和丰富了固有的体育运动形式如技巧等。这种交流对人类体育文化的发展起到了很大的促进作用。可以这样认为，从魏晋南北朝到隋唐，中国古代体育由发展不平衡到进入全面兴盛的黄金时期，为其各类运动形式的多元化、定型化和普及化创造了条件。

宋辽金元时期，由于封建经济和文化的繁荣，使得作为一种文化现象的古代体育也进入了较快的发展时期。与此同时，在商品经济的孕育下，市民文化的勃兴城镇的繁荣又推动了健身、娱乐为主体的体育活动的发展，传统体育活动形式进一步深入民间，开展得更为普遍。而辽、金、元这些入主中原的少数民族统治者，由于社会习俗的差异和强悍、尚武的个性，也形成了与中原地区颇为不同的独特的体育风尚，成为中国古代体育的有机组成部分。值得一提的是，当时较为先进的印刷术的日益普及，为体育著述的传播提供了有利条件，故而各类传统体育活动的方式和规则，也自此开始有了较为详明的记载。

由于特殊的时代和文化背景，这一时期的体育活动基本呈现着两种发展趋势：一方面，在都市的市民中，球类、棋类、保健养生以及其他民间性的体育活动得到了进一步普及，俱乐部式的体育社团组织大量涌现，使城市市民体育呈现出蓬勃发展的局面；另一方面，出于军事斗争的需要，骑射和以拳术与器械为中心的武艺训练体制进一步得到完善。同时，相扑、“田径”运动和水上运动也都发展到了一个新的阶段。

明清时期，是中国封建社会的最后两个朝代，其高度繁荣的经济、文化和相对完备的政治制度，为体育活动的开展与体系的进一步完善奠定了坚实的物质基础。特定的社会环境，使这一时期的体育表现出两个特点：一是各项体育活动的技术技巧在原有的基础上有明显的提高，规则方法也较前代详尽，使之成为古代体育大总结的时期；二是各项体育活动的人数迅速增加，可谓是民间体育活动空前活跃的时期。从运动形式的发展看，基本上继承了古代传统的体育活动内容，如传统的武术热潮空前高涨，射箭、摔跤持续发展，水上和冰嬉活动异常活跃，儿童体育蓬勃兴起，保健养生术广为应用，棋类活动高峰迭起……所有这些，都反映着明清时期体育的发展盛况，它们构成了明清体育运动的主要内容。

产生、发展于中国古代社会传统文化氛围之中的长达数千年的中国古代体育，在其走向高度发展并进而处于“定型”的同时，其中的许多运动形式，如球类运动等，与中国封建社会发展的趋势一样，也逐渐地走向衰落。但古代体育中个别项目的衰落，也预示着一个新的变更时代的到来。在此后 200 年之中，随着西方现代体育传入中国，由古代发展而来的中国传统体育重新焕发青春。

中国古代体育萌发于史前人类的社会实践，形成和发展于数千年的人类历史进程中。在其历史的演进中，虽数次面临调整，却始终传承不绝，表现出了巨大的再生能力。中国古代体育文化是由各民族共同创造的，其中既有体现中原文化、草原民族文化与南方水域民族文化特点的运动内容，又有盛行于历代民间节令和宫廷中的民俗体育形式。丰富多彩的古代传统体育文化，显示了中华民族的智慧与勇敢，体现了民族的英武与勇健，更寄托了对人性完美的追求。“古代体育文化长城”是由各民族共同构筑的，它深深地影响着中国古代体育整体的发展，体现了其发展变化的生机和活力。

## 二、中国古代体育的活动形式及相关文物资料

中国古代的体育活动受到它所赖以产生的历史基础和文化土壤的影响，在丰富多采的民族文化的氛围中，形成了独具民族特色的、多样的运动形式。在这些运动形式中，随着岁月的流逝、社会的发展、王朝的更替、习俗的变迁……，许多曾经盛极一时的运动项目在时代的发展中逐渐地成为历史的陈迹；同样，又有一些新的运动项目适时出现，并为人们所喜好。几十年来，随着体育史学研究的深入和文物考古工作的开展，大量展示中国古代体育活动形式与内容的史料被发掘出来，使我们对之有了更为完整和充分的了解。

### （一）射箭

射箭是体育运动中一项重要内容。在距今 2 万 8 千年前的山西峙峪旧石器时代文化遗址中，就发现了射箭用的石箭头，表明当时已经出现了弓箭。关于弓箭的发明，谯周的《古史考》曾有这样的记载：“木名柘树，枝长而乌集，

将飞，枝打乌，乌乃号飞，后古以柘树为弓，名曰乌号。”应劭在《风俗通义·封泰山禅梁父》亦云："柘桑之林，枝条畅茂，乌等其上，下垂着地，乌适飞去，后以拔杀，取以为弓，因名乌号耳。”由此可以看出，古人是从自然现象中发现柘树枝条具有弹力而制造了弓，并由此开始了使用弓箭的漫长历程。

随着社会经济的发展，延至商周时代，石制的箭簇被大量铸造的青铜箭簇所代替，其作用也越来越大，在社会生活中的地位得到增强。射箭除了最初用于狩猎，本身也逐渐成为军事训练、宗教祭祀、外交盟会、宫廷宴会以及农村节社等活动中的重要组成部分，同时还被蒙上了“礼仪”的色彩。故宫博物院收藏和四川成都百花潭出土的战国青铜器上的宴乐习射刻纹，都形象地展示了当时统治阶层以射箭为礼乐的活动情景。自秦汉以迄隋唐，射箭运动在比赛及射猎活动中得到普及。这一时期的画像石、画像砖、陶俑、壁画，甚至日常生活用品的纹饰，都有许多反映射箭的作品。宋元以后由于现代火器的发明和使用，射箭活动中的军事、礼仪等意义日渐削弱，它的竞赛性和娱乐性却逐渐加强。特别是明清时期，作为一项传统的运动项目，更到了进一步的提倡，故宫博物院所收藏的《康熙南巡图》和《乾隆射箭油画挂屏》中所反映的射箭竞赛活动，就是继承了古代的射箭传统，并在吸收了近代世界射箭术的基础上发展起来的。

（二）球类运动

球很早就是人类日常相伴的游戏用具。古代的中国，以球类游戏为主的运动形式不仅历史悠久，而且有着丰富的内容和繁多的活动方式。

蹴鞠。蹴鞠在史籍中也称为踏鞠、塌鞠或蹵鞠等，是中国古代的一种足球运动。关于其起源，历来众说纷纭。1973年，河南长沙马王堆西汉墓出土了一件战国初年成书的《十大经·正乱》帛书，上面就有皇帝杀蚩尤后，“充其胃以为鞠，使人执（踢）之，多中者赏”的记述。此虽神话传说，但结合《战国策》、《史记·苏秦列传》等文献中有关记载，蹴鞠起源于战国以前则是较为可信的事实。在各地出土的画像石、画像砖等汉代图绘中，多有对当时蹴鞠场面的反映，连小形印章上也出现了蹴鞠活动的形象。从这些文物资料中可以看出，汉代的蹴鞠活动已具有多种形式，既有竞技比赛，又有表现技巧的“蹴鞠舞”。蹴鞠已成为人们生活的重要组成部分。隋唐时期，由于充气鞠的发明和竞赛方式的进一步改进，蹴鞠运动又达到了一个高潮。这一时期的文物资料相当丰富，如湖南省博物馆收藏的蹴鞠纹铜镜、安徽省博物馆收藏的蹴鞠纹象牙笔筒、河北省邢台出土的孩儿蹴鞠纹磁州窑以及上海博物馆的《宋太祖蹴鞠图》等，形象而多方位展现了蹴鞠活动的盛况。至明清时期，蹴鞠活动中两两相交争逐决胜的赛法虽呈衰落之势，但多人蹴鞠的形式却甚为流行。故宫博物院藏明人绘《宣宗行乐图》卷中，明宣宗观赏蹴鞠比赛，即为数人对踢。南京博物院、中国体育博物馆等还分别藏有许多绘制儿童、妇女以蹴鞠为乐的文物。只是到了清末，随着近代西方足球的传入，古老的中国蹴鞠才逐渐沉寂下来。

马球。又名击鞠、打球等。它是马术与球类运动相结合的产物，因而它的兴起必然是在马术和球类运动发展到具备了一定水平之后。汉末三国魏曹植在《名都篇》中描写“京洛少年”们郊游的情景时，曾留下了这样的诗句：“连翩击鞠壤，巧捷惟万端。”其中的“击鞠”一词，多数学者均认为此应为我国有关马球运动的最早记载，而这与马球运动产生的最基本条件——汉代兴盛的马术和球类运动也是相符合的。马球运动的黄金时期在唐朝，陕西乾县唐章怀太子李贤墓中发现的打马球壁画，充分表现了唐代马球较为完整的形态。此外，国内外文博机构收藏的数目众多的唐代打马球俑，故宫博物院收藏和扬州出土的唐代打马球纹铜镜，均是当时马球活动盛况的真实反映。宋元时期有关马球的实物资料亦多有所见，如现藏于中国体育博物馆的宋代打马球砖雕，故宫博物院藏辽代陈及之的《便桥会盟图》卷中的打马球图，山西襄汾出土的金代打马球画像砖雕以及山东长清灵岩寺墓塔碑上骑狮击球图石雕等。降至明清，马球运动依然盛行，不过，由《宣宗行乐图》卷中宣宗“打球”的画面来看，已经不是两队争逐，而是由队员轮流击球入门，变竞赛为击球表演的一种娱乐活动了。

捶丸。捶丸是一种徒步以杖击球的运动．它是唐代“步打球”的基础上发展而来的。在其产生、发展过程中，吸收了马球运动和汉代蹴鞠的球穴等特点，与今日高尔夫大同小异。山西省洪洞县水神庙的元代《捶丸图》壁画，从画中捶丸者的姿势、动作以及场地设置和竞赛形式分析，这种运动与其后流行于西方的高尔夫有着惊人的相似。明代以来，捶丸运动主要在都市中流行，且其娱乐性更为显著，上海博物馆收藏的杜堇《仕女图》中仕女捶丸的场景，说明捶丸运动也在妇女中流行，《宣宗行乐图》卷中明宣宗亲自下场与群臣捶丸的画面，更显示出捶丸运动在当时的盛况。

（三）武术

武术是中华民族独具特色的一类体育运动，它是伴随着人类社会生活的进步而逐渐发展起来的。

器械是传统武术的基础。它最初伴随着狩猎和战争的出现而发展，后来的诸多武术器械，即源于古代的某些生产工具和兵器。商周时期出现的各类青铜兵器，如戈、戟、钺、矛、斧、刀、剑、铩等，可以说较早的武术器械。秦汉以后，随着冶铁业的发展，铁制武术器械日益多样化。从发现的考古文物资料分析，从古代工具和兵器转化、发展而来的武术器械，主要包括了以下几个类型：钩击类器械，有戈、钩形器、戟、吴钩等；击刺类器械，有矛、剑、铩、叉、枪等；劈砍类器械，有刀、钺、斧等；砸击类器械，有棍棒头、鞭锤等；卫体类器械，有护臂、臂甲、盾等。

拳术是中华武术的重要组成部分，其特点主要是徒手的拳脚肢体的运用。它是史前时期人类生产实践、人与野兽或人与人斗的自卫技能积累的结晶。中国最早的诗歌总集《诗经·巧言》中就有“无拳无勇，职为乱阶”的描述，可见拳术在那时已是男子汉应有的重要本领了。到了汉代，拳击搏斗之技已被总结成书，《汉书·艺文志》目录中有《手搏六篇》，惜此书早以亡佚。在山东、河南等地出土的汉画像石中有诸多形象的刻画，再现了当时拳术演练的真实场景。魏晋隋唐之际，随着宗教的兴盛，拳术更是流行于寺院教徒和民间之中，甘肃敦煌莫高窟、大同云冈石窟等地，多留有不同时期拳术表演的形象资料。及至明清，随着中华武术内容的日渐丰富，拳术套路技术渐趋成熟，形成了具有不同风格技术特点的多种流派。如河南登封少林寺白衣殿拳术演练图壁画，中国体育博物馆收藏的青花、红釉瓷瓶上的拳术演练纹，都极为形象地向我们展示出拳术套路的丰富内容。

除徒手的拳脚肢体的运用，器械演练也是武术的重要组成部分。器械演练，是伴随着武术器械的出现和丰富而发展起来的。而掌握和使用器械的技巧，就成为武术活动当中一项重要的内容。尤其是秦汉以后，受战争中适应近战决胜负之需要的影响，器械演练产生了令人瞩目的变化。当时的画像石、画像砖、壁画、漆绘及其他文物艺术品的装饰上，均有许多单人执械、双人执械的单练和对练，同时，还有许多技击俑的发现。像河南郑州、江苏铜山等地画像石上的击剑、比武图，安徽马鞍山三国吴朱然墓出土的童子对棍图漆盘，新疆吐鲁番阿斯塔纳唐墓出土的棍术武术泥俑等等，都极为形象的反映了不同时期武术器械演练的情况。宋元以迄明清，民间艺人练武活动的兴盛以及套路技术的新发展，客观上促进了武术器械演练向多样化方向发展。武术中的十八般武艺，大部分所指即为器械演练套路之术。明清时期的许多绘画作品，如《明宣宗元宵行乐图》、西藏古格都城寺院壁画、登封少林寺白衣殿壁画等，也对武术中的器械演练做了较为形象地描绘，成为社会上盛行的练武活动的真实反映。

（四）田径

田径是现代体育运动形式中的主要类项，从原始人类的跑、跳、投掷等发展而来的古代“田径运动”，成为中国体育运动中最古老和流传最广的运动形式之一。

（五）角力

角力也是中国古代一项历史悠久的传统体育项目。古代的角力，亦称为“角觝”，魏晋以后又称“相扑”，宋代称为“争交”，元明以后称为“摔跤”。在中国古代，展示男人力量的角力活动，是日常活动和竞技场上的主要运动形式之一。最初的角力是两两相博，角力双方拳打脚踢，连摔带拿，凡以巧斗力制服对方就算胜利。到了秦汉之际，角力改称“角觝”，其内容也有了些变化，更注重相搏的方式和规则性。秦汉以后，角觝运动一直是各个时代融体育与文艺于一炉的“百戏”艺术的主要表演形式，而且极为普及。这在当时的一些墓葬的壁画、石窟浮雕，甚至日常生活用品，如印章、石砚上均有反映。魏晋以后，角觝被称为相扑，其活动形式、规则日益完善。隋唐五代时，相扑比赛制度大体形成，唐宫廷中还专门设有“相扑朋”，以训练相扑能手，进行比赛表演。宋元明之际，相扑仍很流行，不但是民间的娱乐活动节目，也是军队士兵训练中力量训练的项目之一。《水浒传》等作品不但对人物的摔跤活动做了描述，而且对有关的规则都有着极为详尽的记载。到了清代，摔跤活动流行广泛，影响极大。西藏布达拉宫西大殿有清代所绘的布达拉宫落成仪式画面，其中便有摔跤比赛。

（六）保健养生活动

保健养生活动是中国古代体育中的一大门类。最初人们由生活实践中体验到保健养生方法，后来随着社会生产力的发展，人们开始明确建构和认同有关养生和健康的模式与标准，逐渐地形成了传统保健养生的完整体系，这就是以引伸肢体为主的导引术、以呼吸锻炼为主的行气术和以舒筋活络为主的按摩术。1973 年，湖南长沙马王堆西汉墓出土了两篇写绘在帛书上的养生专著：一是《却谷食气》篇，对行气的某些方面进行了详尽的记述；一是《导引图》，描绘了 40 余个不同性别、年龄的人进行各种导引的动作与姿态。这些文献、图绘，较为详细的描述了行气和导引这两类保健养生术，反映了古代保健养生活动在当时是十分普及的。此后，这里健身养生形式一直长盛不衰。

（七）技巧

在中国古代的传统体育活动中，有一类独特的运动形式，这就是技巧运动。技巧源于史前人类自身活动和生产劳动实践，随着社会的发展和人类文化的进步，至秦汉之际，它已经成为统一封建帝国精神文化形态的“乐舞百戏”艺术的主要内容。从范围上讲，这种技巧运动形式包括了今天体操和技巧的许多内容，主要项目有筋斗、倒立、柔术、戏车、戴竿、绳技等等。汉代的画像砖、画像石、壁画以及各种技巧俑等，极为形象地展示出了上述各个运动形式的特点。这些丰富的以展现身体高难度技巧的运动形式，经汉代以后，基本确立了其在百戏艺术中的地位。从魏晋、隋唐以迄明清的各个时期，有关技巧的身体运动项目，基本上都是由汉代沿袭而来。《明宪宗元宵行乐图》卷中的技巧图等都形象描述了古代技巧运动发展和盛行的状况。

（八）棋类活动

在以思维与智慧为特征的棋类活动当中，围棋和象棋在中国有着古老的历史。1952 年出土的河北望都东汉墓的石制围棋盘，表明当时已出现 17 道 289 子的局制。其后隋张盛墓出土的瓷围棋盘、唐张雄墓出土的木围棋盘，新疆吐鲁番阿斯塔纳出土的仕女弈棋图绢片等，都是对处于发展高潮时期的围棋活动做了充分的反映。关于象棋，目前较早的实物多见于宋代，1983 年四川江油出土的宋代铜质象棋，除正面铸棋子名称外，背面皆铸有象形图案。反映出当时象棋活动开展得十分普遍。明清时期，有关围棋、象棋的实物更为丰富。

除了围棋和象棋，在中国古代还流行过六博、双陆等棋戏。其中六博最早流行于战国之时，及至秦汉达到高潮，是宫廷和民间喜闻乐见的棋类活动之一。魏晋南北朝以后，六博戏逐渐销声匿迹。双陆应为舶来之戏，公元六世纪初从西域传入，后流行于中国。故宫博物院藏任熊绘《双陆图》，可见双陆棋直清代仍有流行。

（九）御术与马术

关于驾车的起始时间还无法确定，但据有关考古资料，至迟在殷商时期，就已出现独辀马车，因之战车也就成为普通作战工具。当然其中的驾车之术也开始成为人们习练和掌握的技艺之一，并被列为学校教学的重要内容。尤其是西周时期，御术和射术同被列为“六艺”。由战国以迄汉代，由于马车的普遍运用，御术更成为体育运动中的重要形式，考古发现的这时期的驾车实物，汉代画像石和壁画等中各类驾车的形象、其急速奔驰的形态，透露出御者高超的技艺，反映了御术的不断发展。只是随着马匹的广泛运用，骑术进一步推广，御术才逐渐退出了体育运动的领域。

（十）民俗游乐活动

民俗游乐活动则是中国古代传统体育中较有特色的运动形式。它包括的范围非常广泛，其中既有名儒雅士的投壶、游山，又有民间大众喜爱的风筝、舞龙舞狮、斗兽、斗鸡、踩高跷、踢毽子；既有文人仕女钟爱的荡秋千，又有儿童参与的鞭陀螺、骑竹马、滑板、跳绳等。这些运动形式多数已流传下来，并有着广泛的大众基础。

## 三、结语

综观中国数千年以来的古代体育发展史，其渊源之悠久，内容之丰富、方式方法之完备以及活动开展之广泛，堪称举世无双。从世界古代体育的发展进程看，以华夏民族为主体的中国古代体育占有重要的地位，诸多的体育活动形式，如球类、武术、保健养生、角力、技巧、棋类以及某些“田径”运动等，均可在世界各国体育活动中找到相近或相通的形式，且从发现的考古资料分析，皆比后者为早。只是由于受整个封建社会政治、经济、文化发展的制约，中华民族的古代体育未能实现向现代体育的升华。但作为世界体育史上的生动篇章，却将永载史册。

# 历史上的中国古代体育与教育述略

文 / 郝勤　李杨



中国古代传统体育，从时间上来说，是指从体育活动的出现到十九世纪西方现代体育传入中国为止的这个时间；从内容上来说，是指在中国古代历史上产生并发展的传统体育活动形式。中华传统体育文化历史悠久，内容丰富，体现了中华民族热爱生活，珍爱生命，重视教育，智慧幽默的文化性格。中国古代体育作为一种社会文化形态，深深根植于中华民族的传统文化土壤之中，影响遍及社会各个阶层。中国古代体育观禀承“天人合一”、“形神合一”的古典哲学观，崇尚人格修养与身体活动的统一，推崇通过射御、养生、习武、蹴鞠（足球）、马球（击鞠）、捶丸（类今高尔夫）、投壶、弈棋及各种游戏活动来践行实现体育的身心教育、道德修养和修身教化功能，以培养出文武兼修的“士”与“君子”。

## 一、史前教育与体育教育的萌芽

我国的体育教育起源于史前社会时期以身体活动为主的劳动技能的集体传习和教授。在漫长的史前社会中，出于自身生存和生产劳动的需要，史前人类中逐渐出现了一种独特的向下一代传授各种生活和生产知识、技能和经验的原始教育活动。传说中燧人氏教人取火、伏羲教人渔猎、神农教人耕作、黄帝做弩教人以射等均在一定程度上反映了先民教育的具体内容，“上古之世，人民少而禽兽众，人民不胜禽兽虫蛇。”严酷的生存斗争中使得体力及身体效能对生存有着异乎今日的重要意义，因而在人类萌芽状态的教育活动中，有关身体教育内容受到高度关注，成为体育和教育结缘的直接动机。

原始教育设施机构出现，为体育教育进行提供了条件。进入新石器时代，氏族聚落得到发展和扩大，形成了作为人类活动的公共活动场所与教育机构，为原始身体教育及体育文化的形成和发展提供了条件。考古学家在我国的考古遗址中发现了许多氏族聚落中的公共活动场所，如陕西临潼姜寨和宝鸡北首领村聚落的“公共场所”、西安半坡氏族和秦安大地遗址聚落的“大房子”，这些“公共场所”和“大房子”，大都设在聚落的中央，其功能主要是供本聚落成员进行集体的游戏、娱乐、竞赛等活动和以身体教育为目的的传习活动。欧洲近代以来泰勒·马林诺夫斯基、詹·乔·弗雷泽等文化人类学家对史前人类开展的田野调查也证明了这一点。新石器时期史前聚落如洞穴、“大房子”等公共场所的出现，作为最初的教育机构设施，为人类原始体育教育的形成与发展奠定了基础，也为奴隶社会统治者的施政、教育提供了场所。

史前社会后期，随着部族间战争的出现和频繁发生，武器的制作和使用、实战技能和方法等军事知识成为原始社会教育必不可少的组成部分。实际生活中，军事训练和体育往往是结合在一起进行的，体育是军事教育的前提和基础，军事训练的发展又进一步推动了体育内容和方法的丰富。总之，原始的体育教育是由于人们日常生产、生活劳动所需而产生的，与同时代整个社会教育一样，体育教育同其它领域，如生产、生活、军事等方面的活动紧密交织在一起，它重复再现了生产、生活以及军事的活动内容。与其他形式的教育相比，体育教育在整个原始教育体系中占据着重要的位置。

## 二、六艺教育与体育教育活动

夏商周时期出现了初具教育规模的“校”、“序”、“庠”，类似于后世的学校，而这些学校，除了具有教育功能外，还是习武的重要场所。西周时期“六艺”教育是官学教育的定式，包含了礼、乐、射、御、书、数等六个科目。其中射（射箭）、御（驾车）都可视为当时的“体育课”。“国之大事，在祀与戎。”进入阶级社会，祭祀和征战是国家的大事，射、御是军事和生产活动中最为主要的项目，受到高度重视，每个贵族青少年都必须学习和掌握射、御的技能技巧。商周时期的战车是在四马拉的战车上由三个甲士担当着击战的任务，同时甲士又多是由贵族担任，贵族既是军队的指挥者，又是军队的主力，他们必须锻炼身体，掌握射御军事技术，故御和射在当时就成为了贵族们的必修课程。

“射”是指射箭技术，为“威天下，守国家”之具。包括陆上习射和水上习射。习射者要掌握“白矢、参连、剡注、襄尺、井仪”五种基本技术（李呈芬《射经》）。“白矢”，即“白镞至指”，意即拉弓时箭头碰持弓的手指。“参连”，是持箭连射的方法，前放一矢，后三矢连续而去，矢矢相属，若连珠之相衔。“剡注”，是瞄准的方法，也就是“矢头剡处直前注于侯（靶），不从高而下”。“襄尺”，则是拉弓的姿势，“谓平其肘，使肘上可置杯水”。“井仪”，指的是力量的训练，

"开弓满似井形也"，弓要拉满呈圆形。

"御"主要是指驾驭车马的技术。当时习御也要求掌握五种技术，即"五御"，就是鸣和鸾、逐水曲、过君表、舞交衢、逐禽左(《地官·保氏》)。"鸣和鸾"，指行车时系在车上的和、鸾二铃节奏要统一合适，是为了调试驾车的节奏，为驾车的入手课程；"逐水曲"，指行车时要随水势的屈曲前行，不至坠入水中，目的是训练御者在路面复杂的情况下的控制车的能力；"过君表"，"君表"指插着旗子的辕门，门中放置一些石墩为障碍物，车驶入辕门，车头两边与石墩的间隙只有五寸，车手要恰到好处从中经过。显然这是要训练车手的心理素质和准确的估算能力。"舞交衢"，指车在交叉道上，往来驰驱旋转，似乎跟在舞蹈一般，是展现驾车综合能力与技术的课程。"逐禽左"，指驱车追赶禽兽，并把禽兽阻拦在左边，以便射猎，这属于实战训练。上述基本技术都是应当时军事战争实际需要并根据射、御的规律而提出的具体要求。

西周时期产生了集体教育与竞技活动为一体的"射礼"。"礼"是中国古代社会的典章制度与道德规范。在西周和春秋战国时期，特指以宗法制度、等级观念、祭祀礼仪及封建道德等为基础的上层社会行为规范。为了培养贵族子弟的等级意识与行为规范，"礼"的教育先秦学校中占有头等重要的地位。其中，射礼是礼制教育的重要形式之一。学生通过学习围绕射箭比赛而制定的一整套严格的礼仪制度，达到强化等级意识、掌握有关礼仪知识与规范的目的。射礼是西周时期是中国古代组织最严密的竞技运动会，具体分为大射、宴射、乡射等。它既是进行礼制教化的手段，同时还具有祭祀神灵、宣示和平、增进友谊、强健身体，娱乐游戏等多重功能。在操作方面，射礼有详细的竞赛规则，有缜密的组织分工和专职人员、有音乐伴奏，有名次和奖励等。这些完善的规程和组织管理措施使射礼成为堪与古希腊奥运会相媲美的大型古代竞技运动。

"舞"虽属于乐的教育，但在古代也赋予了它体育的意义。乐舞的用途较为广泛，无论是祭祀还是庆典活动都要献舞，因此学校一般都设有乐舞教育的科目。《礼记·内则》记载："十有三年，学乐、诵诗、舞《勺》。成童（十五岁）舞象、学射御。二十而冠，始学礼，可以衣裘帛、舞《大厦》。"也就是说，学生十三岁舞《勺》，十五岁舞《象》，二十岁舞《大厦》；而这里的《勺》、《象》、《大厦》都是舞的名称。其中《勺》是文舞，运动量较小，《象》与《大厦》是武舞，运动量较大。舞蹈具有一定的运动量，能起到锻炼身体的作用，这在夏商周时期已有所认识，并应用于学校教育中。由于当时学校的舞蹈强调礼乐互为表里、相互为用的教化功能，强调乐舞在人之内心修养方面的陶冶作用，所以具有"文武兼备"的特点，对我国后来的学校体育教育也产生了深远的影响。

## 三、武举与武学

作为大一统封建帝国，军事武备和军事训练一直是国家政治与政策的核心。秦汉时期采用“兵农合一”的募兵制。经历南北朝时期多民族战乱后的唐、宋统治者出于外部边患的威胁，高度重视武备人才选拔和军训制度建设。唐太宗曾明确指出，“兵士唯习弓马，是其正业”。唐武后长安二年（702）创设武举制度，宋神宗熙宁五年（1072）创置武学。在军队训练方面，宋代制定了统一的训练操典——教法格，同时出现了专门的武技教练——教头。宋代规定，教头只有训练的责任，而无统领军队的权力。因此，他们的主要精力用在研习武艺方面，这对提高训练水平与兵械技艺都有着十分重要的意义，不少人还流散民间，推动了民间的习武活动。明清虽未见教法格与教头记载，但明代也有类似教法格的《教练军士律》，明代著名将领戚继光所著《纪效新书》论述了练兵的必要性和重要性，提出了一套较为完整的练兵理论和计划。清代则详细规定了每月训练的次数与内容，并通过校阅来统一要求。教法格、教头、保甲制的实行，构成了一个从上到下按统一规格进行训练的训练网，标志着我国古代军事训练形成了一个较为完善的体系，军队训练的程式化与军事技术的规范化，使套路练习较为广泛地用于训练。吸取金元北方民族入主中原的历史教训，明代统治者在教育上强调文武兼备，改进学校与科举制度，不仅使武学、武举等制度更趋完善，而且提倡“儒生习武”，对推动教育中“体育”内容的发展有一定的作用。明代从中央国子学到地方府、州、县各级学校，努力恢复上古武士教育，以“六艺”为科目，增设习武场地设备，培养出了一批文武兼备的人才。明代俞大猷的《剑经》是一部武术专著，它以棍法为主，兼谈射法、阵法等，对武术的基本原理、内涵做了精辟的阐述，同时又是一部实战性很强的兵书，成为明朝军队教之行伍、用之抗敌的必备教科书。清代统治者以“骑射立国”，历来重武，国学、官学中均有体育的内容。清代民间办学盛行，也不乏有识之士。著名教育家颜元（1635-1704）就提出了“动”以致强的思想和文武兼备的教育主张，在设计并实施的教育方案中，体育的地位十分突出，某种意义上讲，这在我国教育史上，开创了使受教育者得到全面发展的先例。此外，清代一些进步的启蒙思想家，如顾炎武、黄宗羲、王夫之、魏源等，也在批判理学、解放思想方面作出了积极贡献，为倡导武风、促进学校体育的发展起到了积极的作用。

## 四、国语骑射和木兰秋狝

有清一代，清政府推出了旗民分治、国语骑射、旗民不交产、旗民不通婚等政策，企图在空间、文化和制度上把满汉隔离开来，尽最大努力保持满族的纯洁性。“国语骑射”亦称“清语骑射”或“清文骑射”，“国语”即满语，因在清代，又称“清语”；“骑射”即能在骑马奔驰中射中目标。“国语骑射”对于满洲统治者的重要性是不言而喻的。“国语”，既是维系满洲人的精神和心理的纽带，又是满洲强化与巩固国家体制的重要手段之一；“骑射”，既是满洲长期狩猎生活中的民族长技，又是保卫政权的武力手段。“国语”与“骑射”两者相辅相成，不可偏废。“国语骑射”被作为“满洲根本”来加以强调，并作为一项重要的文化政策采取了一系列措施予以推行。清代统治者推行“国语骑射”政策的直接目的，主要是为了保持满洲人的民族文化特性，从而避免八旗满洲的“汉化”；同时，清朝前期该政策在八旗体系中的贯彻，也促使包括八旗蒙古、八旗汉军以及被编入八旗的其他边疆少数民族凸显了“满化”的现象。

清统治者对八旗成员的起码要求是，自幼即当学习“国语骑射”，直至六十岁以上方能免试。不但八旗中的满、蒙成员必须能以满语奏对履历，能在马背上奔驰骑射方算合格，就是对汉军成员也同样要求，并无例外。例如，镶黄旗满洲鳌拜的重孙戴均，只因“骑射不好”、“满洲话不好”，而被取消了补授佐领的资格。正黄旗满洲世袭恩骑尉常安，由于“不谙清语，骑射平常”，被发往素以“清语骑射俱好”著称的吉林地方学习。又如“汉军外官不能骑射”，遭到清圣祖玄烨“汉军习尚之恶，至于已极”的严厉斥责。乾隆年间，清高宗弘历不仅三番五次地告诫本族人要保持“国语骑射”，他本人亦以身作则，身体力行，几十年如一日。

骑射这一项考核八旗成员的重要科目，在实际生活中，虽已逐渐发生了变化，但专供皇帝“行围狩猎”、“肄武绥藩”的木兰行围，仍然一年一度地照例举行，形成了“木兰秋狝”的制度。“秋狝”在我国春秋时期就有记载，《左传》中有记录：“春搜、夏苗、秋狝、冬狩，皆于农隙以讲事也。”“春搜”是在春日举行的射猎；“秋狝”指的就是秋天的畋猎。到了康熙二十年，“木兰秋狝”成为一项国家大典，在康熙、乾隆两朝盛行，乾隆末期逐渐废止。秋狝从民间走入皇宫，在娱乐的基础上又被赋予了更多的政治和军事意义。所谓“木兰”，本系满语，汉语之意为“哨鹿”，亦即捕鹿。由于一般情况下是在每年的七、八月间进行，故又称“秋狝”（古代指秋天打猎为狝，如秋狝。称春天打猎为搜，夏天打猎为苗，冬天打猎为狩）。清代皇帝每年秋天到木兰围场巡视习武，行围狩猎，成为清代帝王演练骑射的一种方式。

木兰围场位于河北省承德地区最北部，每年秋分以后，皇帝带领随从侍卫和蒙古各部的王公贵族亲临围场。行围的期限为二十天，行围结束，照例在附近张三营举行盛大的庆功宴会，并有许多精彩的具有民族特色的文娱体育表演。从康熙二十年（1681）开设围场起，直到道光元年（1821）停止行围，大约一百四十年间，很少间断过。据统计，康熙年间行围四十八次，乾隆年间二十八次，嘉庆年间十五次，总共有九十一次，平均一年半举行一次。每次行围，蒙古各部按照“年例”，以“千二百五十人为虞卒”来到围场，“以供合围之役”。蒙古部众参加行围的人数，最多时达到一万人以上。从客观上看，行围制度不仅有助于满蒙部族保持骑射特色，而且对巩固和加强多民族祖国的统一起到了积极作用。

## 五、民间体育活动的道德追求

由于中国传统的自然经济生产方式，以及宗法政治制度，从而决定了伦理道德在古代中国的各种文化形态中的中心地位。在这种泛道德化的社会背景下，中国古代体育深受伦理思想的深刻影响，被赋予道德教育、修养情操、培养礼仪的意义。中国最古老的竞技运动如射箭等被纳入了“礼、乐、射、御、书、数”六艺，形成一整套的体育仪式文化。中国古代的“礼射”有严格的礼仪程序和等级规定，其主旨是为了进行礼仪教育；一种叫“十五柱球”具有浓厚道德色彩的体育游戏活动，用滚动的木球击打十五只平底的小木柱，每根木柱上写有一个字，依次为仁、义、礼、智、信、温、良、恭、俭、让、傲、慢、佞、贪、滥。前十个字用红笔写，后五个字用黑笔写，击中红字受赏，击中黑字受罚。木射游戏规则鲜明的表现了当时宣传社会道德观念的目的；龙舟竞渡是为了纪念凝聚中国传统伦理道德和价值观念的楚国大夫屈原；司马光在《投壶新格》中以投壶来阐发儒家的中庸思想;13 世纪的《蹴鞠图谱》还以专章论述儒家的“仁、义、礼、智、信”如何在蹴鞠中体现，书中指出:要和气、信实、志诚、行正、温良、朋友、尊重、谦让、礼法、精神；禁戒多言、赌博、争斗、是非、傲慢、讹诈、猖狂、词讼、轻薄、酒色。中国武术“尚德不尚力”，众多的拳谱家法开章明义皆是阐明武德,强调“武以观德”;武术道德中包含了宽厚、容忍、人道、谦虚、忠诚的观念，反映出儒家的“中庸”思想。中国传统养生倡导通过形而下的肢体行为来达到形而上的人格道德修养；匡扶正义、见义勇为也历来是武林人士的座右铭。

与此同时，以竞技、娱乐、养生为内容的中国古代体育，大量引入了一些古代的哲学概念和思想，如“气”、阴阳五行、八卦、天人合一、动静相因相成、整体与局部的对立统一等等，并用来解释或指导体育实践，这种状况在武术和养生术中表现得尤为充分。而在诸子哲学特别是道家思想的影响下，形成了形神统一的人体观及运动与静养相结合的养生思想，把人看作自然界的一个组成部分，按照自然界的变化去调整人体内外环境的平衡。淮南王对养生观点主要强调“形神二元论”和“静漠恬淡”。两晋南北朝导引养生发展与玄学、道教和佛教的盛行有密切联系。有不少养生家同时也是医学家或哲学家，如华佗、孙思邈等。围棋和象棋历来为文人雅士和军事家所喜爱，它对于提高战略战术意识，发展智力、陶冶性情，都有良好的作用。

## 六、结语

中国古代体育的教育功能可以追溯到史前社会的射猎活动及各种游戏活动。西周时期官学教育“六艺”称为定制，其中射、御（射箭和驾驶战车）就是当时贵族教育体系中的“体育必修课”，用以培养德体兼修的贵族人才与“君子”。秦汉以降，为了培养社会治理与文化传承以及军队所需的军事人才，很多中国古代体育项目如射箭、剑术、棋艺、蹴鞠等被纳入教育与人才培养体系，唐代更开设了武举制，宋代建立了“武学”，通过开科选士和学校体制来培养武备人才。而在民间社会，通过武术、养生及各种游戏活动来追求身体康健长寿的同时，也重视人格修养，推崇智礼忠诚信、礼义廉耻、见义勇为、扶弱抑强等高尚品德。可以说，体育作为古代教育的一种重要手段，始终贯穿于中国历史的发展进程当中，在中国文化史和教育史当中均占有重要的地位。

# 中国古代"以武取士"史略

文 / 惠弋



武术是中华民族优秀的传统文化，溯其历史，源远流长，究其内容，博大精深。在古代，武术主要是以一种技击技术而存在，其最根本的特征是技击性，由此而在物竞天择的自然环境乃至适者生存的社会环境里体现自身的生存价值，从而能在华夏这片土地上滋生繁衍，常青不衰。

"以武取士"，则是中国古代专为选拔武艺人才而设立的制度。"以武取士"思想观念源起于原始社会氏族，公社成员将技击技艺作为衡量成年男子能力大小、威望高低的依据。在武举制度创立之前，"以武取士"的基本做法多是诏令地方官吏推荐，既无明确的具体考试内容，亦无系统规范的选拔程序。武则天长安二年（702），武举制创立，开始将"以武取士"纳入封建科举制度，使得武艺人才选拔、任用制度化、规范化。宋代以后，武举制度进一步发展与完善，为了提高应试人员的素质，更好地实施武举制度，封建国家还创办了与其配套的学校教育制度——"武学"。自此之后，武举制度与武学教育相互为用，成为封建国家培养武艺人才、选拔军事后备人才的重要手段和培养基地，为封建国家抵御外侮乃至整个社会扭转"重文轻武"的思想倾向发挥了积极的作用。

## 一、"以武取士"思想观念的源流

自从人猿揖别进入人类社会，也就有了人类为满足生存需要和心理、生理需要的各种活动。"上古之世，人民少而禽兽众，人民不胜禽兽虫蛇。"于是在严酷的生存斗争中产生了武术技击的萌芽。而技击的方式，既有徒手如拳脚肢体的运用，又有器械如砍砸器、石球等的使用。尽管形式极其原始，但随着搏斗经验的累积，技击技巧乃至武术意识便逐渐萌生，技击术也成为氏族成员开展教育的主要形式之一。

原始社会末期"工（具）兵（器）不分"，能否掌握娴熟的技击技艺便成为衡量成年男子能力大小、威望高低的重要依据。传说中的"羿射九日"，正是这种思想观念的体现，这也成为后世"以武取士"思想观念的源流。

## 二、"以武取士"制度的滥觞

"国之大事，在祀与戎。[1]"进入奴隶社会，祭祀和征战是国家的大事，其他事情都要服从和服务于这两件大事。商周时征战主要采取车兵的步、车联合作战方式，这种方式要求军士熟练掌握射箭、驾驶战车的射、御技能，射御由此成为选贤任能的首要条件。《国语·晋语》有"射御足力则贤"的说法。春秋时期著名思想家墨子论及国家选士时也说，"譬若欲众其国之善射御之士者，必将富之贵之、敬之誉之，然后国之善射御之士将可得而众也。……此固国家之珍而社稷之佐也。[2]"

周代"礼射"是古代"以武取士"的最早模式，分为"大射"、"宾射"、"燕射"和"乡射"。礼射时要配乐舞，有严格的程序、复杂的步骤和完备的规则，除用来进行礼制教育外，选拔有勇力和武艺之人也是重要目的。射御是车战的基本作战技能，被列为教育的重要内容。陆上习射的场所有"射庐"和"宣射"，水上有"辟雍"和"泮宫"；中央选士试射于"射宫"，地方习射的地方称为"序"。学校习射要求掌握"白矢、参连、剡注、襄尺、井仪"等五种基本技术，习御则要求掌握"鸣和鸾、逐水曲、过君表、舞交衢，逐禽左"等五种基本技术。

春秋战国时期，诸侯争霸，战争频繁，各国为求得立足生存，都很重视武艺人才的培养和选拔，这是"以武取士"的做法在新的历史条件下得到了进一步发展。管仲治齐，要求地方官荐举"有拳勇股肱之力，筋骨秀出于众者，有则以告[3]"，规定凡有疏漏隐匿不报的，要追究地方官的责任。商鞅仕秦，定军工爵制，依军功受爵赏而不论出身，"又战得甲首者，益田宅。五甲首而隶役五家，兼并之患自此起"，使秦人功赏相长，秦国也从西陲小国一跃而成寰内大国。吴起事楚，强调"虎贲之士"应当"爱而贵之"，"有工用五兵，材力健疾，志在吞敌者，必加其爵列。[4]"这一时期，步骑联合作战方式逐渐取代了步车联合作战方式，战国时期赵武灵王胡服骑射的改革尝试于战争中威力初现，"加快了武艺向多样化、复杂化发展的进程"。在一些国家还出现了对身体素质作具体要求的选拔机制。如，秦国崇尚气力，以力取人，"力士任鄙、乌获、孟说，皆至大官。[5]"

秦汉以降，国家用人以征辟、察举为主，武猛谋略之人才可应时而荐举。西汉初年，军功爵制渐趋轻滥，实际价值已不如前。西汉武帝时，为对匈奴作战，诏令天下："盖有非常之功，必待非常之人，故马或奔踶而致千里，士或

[1]《左传·成公十三年》
[2]《墨子·尚贤上》
[3]《管子·小匡》
[4]《吴子》
[5]《史记·秦本纪》

有负俗之累而立功名。夫泛驾之马，跅弛之士，亦在御之而已。其令州郡察吏民有茂材异等可为将相及使绝国者。[6]”自此之后，汉朝皇帝屡有此类诏令颁布。汉朝对武士的重视和选拔，使得军功爵制式微的情况下出身卑微的下级武士能够跻身统治集团，有的甚至位居高阶，如名将卫青、金日磾、李广、甘延寿等。汉朝由此甚至出现了“勇者以死射攻，戏车、鼎跃咸出补吏，累功积日，或至卿相[7]”的现象。

魏晋南北朝用人实行“九品中正制”，当时玄学盛行，文弱风气在社会上逐渐蔓延。然而，分裂割据的局面，也使得一些国家“取材拔士，必先弓马[8]”。

## 三、武举制度的创立

隋代建立了统一的封建国家政权，在用人制度上创立了科举制度，对后世产生重大影响。而在武将选拔上，隋朝沿袭前朝荐举方式。“才堪将略，则拔之以御侮，膂力骁壮，则任之以爪牙。[9]”荐举武勇人才是隋朝地方官吏的主要职责之一。唐承隋制度，选拔武臣的做法起初也是如此。太宗贞观三年（629）四月诏曰：“白屋之内，闾阎之人，但有文武才能，灼然可取。[10]”高宗年间则数度诏令五品以上官员及诸州牧守荐举武勇人才。武则天正式创立武科前，唐兵部已有铨选武臣的选授标准。

武则天长安二年（702）始设武举一科，科举制度的内容得到进一步完善和补充。《资治通鉴》载，“则天后长安二年春正月乙酉，初设武举。”另据《新唐书》卷四十四《选举志》记载，“又有武举，盖其取于武后之时，长安二年，始置武举。”

唐代科举考试一般分为州府组织的地方性考试和由中央组织的省试，应试的举子主要有生徒和乡贡两类。前者是国家在地方和中央所设学校中的学生，后者指不在学校学习而学业有成者。唐代尚未设立武学，故武举制创立之初，举子均出于“乡贡”，来源包括勋官、品子以及普通平民。应武举的举子在经过资格审查后，便由各州府掌管武官选举的官员进行选拔推荐进入每年孟冬的省试。武举考试分为平射、武举二科。前者考试方法简易，只要“试射长垛，三十发不出第三院，[11]”即为中第。后者则有两方面的要求：一是以骑射及运用武器为主的武艺技能，包括长垛、骑射、马枪三项，是考试评定成绩高低的标准，“皆以儇好不失者为上”；二是身材、体力、体能等身体条件和身体素质，包括步射、翘关、负重、材貌、语言等项，是武举中选的基本条件，“通得五上者为第”。

唐代武举及第以后，即可得到兵部“告身”作为凭照，取得做官的资格。多数要经过一段时间的实际锻炼再授予官职，也有部分在武举及第后即参

[6]《汉书·武帝纪》
[7]《盐铁论·除狭第三十二》
[8]《十六国春秋辑补》
[9]《隋书·炀帝纪》
[10]《册府元龟·卷六十七》
[11]《通典·卷十五》

选授官。

唐代武则天创立武举制度，尽管有其巩固统治地位的个人目的，然而客观上对唐代社会及后世产生了重要的影响，具有多方面的意义。首先，从政治方面看，武举制的创立是唐朝革新朝政的需要。武举制的创立，使得习武之人，特别是那些虽不善文却娴于骑射的下层地主阶级子弟甚至是普通平民子弟凭藉武艺进入统治集团，从而扩大了国家的人才来源，巩固和加强了封建统治基础。其次，从军事方面看，武举制的创立是唐朝建立新的军事制度的需要。在唐代府兵制的废弛和募兵制的形成过程中，朝廷已有将帅乏人之忧，兼之吐蕃、突厥相继为患，中央政府就要选拔一定数量的将士充实军队，提高军队的战斗力。这样，武举制度便应运而生。再次，从教育方面看，武举制的创立完善和发展了古代科举制度，改变了选文不选武的片面做法，为后世提供了文武并重的范例。宋代在此基础上建立了完备的武举制度，奠定了古代武举制的基本模式，明清两代武举考试体系日臻成熟，成为科举考试的主要科目之一。最后，从社会意识方面看，武举制的创立，为习武之人敞开了仕进之门，对于整个社会扭转汉代以来的柔弱之风、崇尚健壮武勇具有重要意义。

## 四、武举制度的发展与完善

唐末五代，王朝频易，武举一科遭致废止，军队将帅多出自军卒。公元960年，后周重臣赵匡胤发动陈桥兵变，“黄袍加身”，建立赵宋王朝，武举制度在新的历史条件下得以发展。早在宋初，朝廷就开始考虑复置武科选拔武臣。天圣元年（1029）仁宗下诏：“又置武举，以待方略智勇之士。[12]”自此以后，宋代武举在尖锐复杂的阶级矛盾和民族矛盾中时存时废，进而逐渐发展成为与一般文士考试并行的体系，并对后世产生了深远的影响。

宋代应武举人员，主要是三班使臣诸色选人、虽未食禄实有行止不曾犯赃及私罪情轻者及文武官子弟别无负犯者三种。武举考试程序则与文士贡举考试略同，不同之处在于解试、省试和殿试三级之外另有一资格考试，称为比试（亦称引试）。比试是解试前的资格考试，考试内容主要有武艺和程文两项，名额一般不超过二百人。解试由行在兵部主持，与文士发解起自地方州府有所不同，名额七十人左右。省试由兵部主持，所取合格一般不超过三十人。殿试是由皇帝主持的最高一级考试，主要是试策问，参考弓马成绩。仁宗天圣元年（1030），始设殿试，仁宗亲试武举十二人，“先阅其骑射以试之，以策为去留，弓马为高下[13]”。宋代各级武举考试，均有武艺和程文。武艺考试科目有弓步射、弓马射、弩踏，抡使刀枪等，其中以步、马射为主；程文考试包括策问和兵书墨义。宋代武科模式至此正式形成，后世沿之，有所损益。

[12]《续资治通鉴长编·卷一百零七》
[13]《宋史·卷一百五十七》

宋代创立了比较完备的武举体制，并开始将其与学校教育制度紧密地结合起来，始设武学。仁宗庆历三年（1043），初设武学。此后各朝，参照以前做法，制定新规，逐渐完善武学，宋代武学从此形成定制。宋代武学生员名额不过二百人，由朝廷选拔文武官吏中知晓兵法者为教授，讲授课程包括诸家兵法、历代用兵成败事例、前世忠义之节等理论知识和马、步射为主的军事技能。武学学制三年，根据生员春秋考试成绩分为上舍、内舍、外舍三个等级。其中上舍上等人可以直接释褐授官。宋代武学的创立，改变了武举来源，有利于武举制度的贯彻实施和提高武举人的自身素质，进一步完善了自唐代以来的武举制度，对后世产生了深远的影响，明清两代相沿不辍。

元代一朝"不设武举，专事承袭[14]"。尽管也有建议朝廷设置武举、武学延揽人才，但未被采纳。明清两代发展了唐宋时期的武举制度，并完善了考试程序、考试内容、考试方法等方面，使之更加制度化。

明朝是中国古代封建专制统治高度强化的时期。靠戎马征战而登帝位的朱元璋，非常重视武将的选拔与任用，将其作为掌控军队的重要手段。据《明史》记载，太祖吴王元年（1367），朱元璋曾颁布了文武科取士诏令。由于种种原因，诏令并未得到实施。直至英宗天顺八年（1464），明代武科始正式设置。宪宗成化元年（1465）立武举法，制定了武举考试的内容，及第除官的方法。孝宗弘治六年（1493），朝廷颁试用武举格，定为每六年举行一次考试。弘治十七年（1504），武举改为三年一试，并奏准武举依文举例出榜赐宴。

明代武举考试应试者主要是武学官生和各地文武官吏荐举的"通晓兵法、谋略出众"之人。武举考试分为乡试、会试和殿试三级。乡试地点在各省布政司，考试内容分马射、步射和策论。乡试标准并无定规，由各省自行掌握，中试者称为武举人。会试在乡试后次年举行，各省武举人汇集京师，同样经由马射、步射和策论三场考试划分等级，决定及第名额。武举会试中试者通称武进士，居首选者称为会元。武宗正德二年（1507）四月诏令武举中试者引见完毕之后，赐宴中府，称"会武宴"，此举首开武举赐宴的先例。殿试亦称厅试，明末崇祯年间才出现，由皇帝亲阅武进士骑射技勇，再试策文。殿试结果分三甲。一甲三人，分别称状元、榜眼、探花，赐进士及第；二甲若干人，赐进士出身；三甲若干人，赐同进士出身。然而，有明一代，社会思想重文轻武，历代帝王多主张治世用文的治国方略，造成明武举除官职位低下，升迁艰难，这与文科"进士入翰林，翰林入内阁"，确实不可同日而语。

清代武科，一如文科制度。自顺治初年下诏进行，至光绪二十七年（1901）前后历二百五十六年，从未间断。清代武举考试分为童试、乡试、会试和殿试四级进行，各级考试多为骑射、技勇和策论等项目，组织方式不尽相同。值得注意的是，清代注重武事，奉行以"弓矢定天下"的指导思想，武举除官品级

[14]《续文献通考·卷三十九》

尚高于文科进士。例如，文科状元例授翰林院修撰（从六品），而武科状元甚或高达三品。尽管官职虽高，有清一代武科进士仕途畅达者却不能与文科比拟。

## 五、武举制度的废除

鸦片战争尤其是十九世纪七十年代以后，随着民族危机的进一步深入，变革科举，擢选人才的呼声日益高涨，统治阶级内部的一些开明人士，特别是军界的一些大臣对于武举的弊端进行了猛烈的抨击，高声疾呼改革武科。如，光绪十年（1884）张佩纶上书奏称，“中国诚危之耻之，则莫如变法，变法之效至久而至速者，则莫如武科改试洋枪。”光绪二十三年（1897）兵部尚书荣禄奏请参酌中外兵制设武备特科，更是得到了许多文武重臣的响应。

武举废除，既有近代火器广泛使用、新式武备学堂设立等社会原因，又有武举渐不足以抵御外侮、武科人才仕进艰难等自身原因。清光绪二十七年（1901），清王朝以武科“所习硬弓，刀、石及马、步射，皆与兵事无关，施之今日，亦无所用，”诏令“永远停止 ”。此举宣告存世一千二百年的武举制度正式退出历史舞台。

## 六、结语

“以武取士”，就其本质而言，是统治阶级用以笼络人才的一种手段，就是使“天下英雄尽入吾彀中矣”。“以武取士”尤其是武举制的设立和发展，对于封建国家延揽武艺人才、扭转“重文轻武”思想乃至改变整个社会的价值取向曾具有重要意义。而武举制度的创立，也完善并发展了科举制度，在中国古代典章制度史上属于首创，其存世千余年的时间里，起到过进步的历史作用，即使是在当下依然具有启示作用。

# 唐代福州球场山亭记碑与马球文化

文 / 林丹

历史遗存的发现，是一个国家、一个地区、一个城市古代文明的见证。1958 年，福州市区八一七路北端修建鼓屏路时，于路东侧发掘出一块严重断残的两面镌刻文字的石碑，碑石是当地出产的花岗岩，宽 99 厘米、残高 53 厘米左右，看来只是原碑拦腰的一段。碑的两面都刻画着端庄秀丽的文字，虽然遭受相当程度的风化与磨损，但大部分笔划都可辨认。经与南宋淳熙《三山志》记载相对照，确认这是中唐时期福州《球场山亭记》原碑的残断（图 1），竖立于公元 813 年，刻有“冶山，今欧冶池山是也。唐元和八年（813），刺史裴次元于其南辟球场”等字，《福建金石志》也有同样的文字记载。《球场山亭记》残碑现藏于福建博物院。碑文内容大意是，唐宪宗元和八年，裴次元担任福州刺史。裴次元为贞元年间进士，他看到福建军政管理紊乱，海上交通的外事活动经常出现麻烦，极大影响了当地人民的正常生活秩序。经过他的一番治理整顿，福州城呈现出一派社会安定经济繁荣的景象。

图 1 “唐福州球场石碑记”

与此同时，裴次元还把兴建马球场列入城市建设的重点工程。修筑马球场的直接动机，似乎与当时全国战局动荡，福州扩大军备有关。过去福州虽是都督、节度开府重地，但太平已久，按常制府兵只有 1500 人左右；元和动乱之际，朝廷屡从各道调兵，福州不论应召还是保境，都须扩大招募和训练[1]，所以就修建了一个兼具军队训练和马球比赛的马球场。

福州的球场，原来设置在州城的西部，规模狭小，陈旧不堪，凑合着使用已经年长日久了。裴刺史决定选择州城东部靠近兵营的地方重新建筑一个大型球场。在他的亲自勘察、规划设计和具体指导下，一个月后工程顺利完成，球场和周围的 29 个景点交相辉映，形成当时福州最为亮丽的风景线。球场的四周不建看台，而是利用自然地势，以青山绿水、花草树木和亭台楼阁，把马球场围绕起来，工程竣工之日，裴刺史带领部属职员、社会贤达畅游了每个景点，设宴奏乐，吟诗唱和。为了纪念当时的盛况，他的部属特地在球场北面的山亭

[1] 参见陈叔侗，福州中唐文献孑遗——《元和八年球场山亭记》残碑考辨，《福建历史文化与博物馆学研究》——196 页，福建教育出版社 1993 年版

上刻立此碑，碑名叫《球场山亭记》。

碑文中翔实地描述了中唐时期福州城市发展的大轮廓，包括政治、经济、外事、交通、军事、文化、城建与园林艺术等方面的情况，给人们展现出一幅当时福州繁荣昌盛、蓬勃发展的生动画面。据宋代文献记载，北宋熙宁年间，此碑被搬到州署衙门，以后逐渐下落不明。斗转星移，人事沧桑。重见天日的残碑告诉我们，一千多年以前，福州城里曾经建筑过一座大型的球场。它为什么能够成为当年福州刺史的一项重要政绩并且树碑立传呢？这还得从唐代盛行的马球运动的历史渊源谈起。

马球运动又称为“击鞠”、“击毬”或“打毬”,即骑在马上持棍打球的运动，是我国古代传统的体育项目。马球的起源是在何时何地，史学界、体育界有多种说法，有“波斯说”、“吐蕃说”及“中原说”等。在我国古代关于马球最早的记载，见于东汉后期曹植的《名都篇》:“连翩击鞠壤，巧捷惟万端”，描写“京洛少年”行猎归来，宴饮之后，到马球场地练习马术及打马球。唐代诗人蔡孚曾在《打毬篇》里写道:“德阳宫北苑东头，云作高台月作楼，金锤玉蓌千金地，宝杖佩文七宝毬……其道用兵如断蔗，俱能走马入长楸……奔星乱下花场里，初月飞来画杖头，自有长鸣须决胜，能驰迅足满先筹。薄暮汉宫愉乐罢，还归尧定晓垂旒”。从考古发现上看，在马圈湾汉代烽隧遗址发现的西汉中期的球形实物其“内填丝绵，外用细麻绳和白绢搓成的绳捆扎成球形。”两者基本上是符合的。另外，发现的这件球形实物直径5. 5厘米，与中国古籍中所记载的马球的“球状小如拳”也基本相符。从这些记载中我们可以了解到，中国古代马球自汉代就开始出现于中原以至黄河流域，经过长期的演变和发展，成为中国古代球类运动中主要的运动形式之一。

唐代是我国古代历史上一个国力强盛、文化繁荣的时代，也是封建社会中一个较为稳定、发达的中兴时期。唐朝前期，由于帝王实行了较为开明的政策，使得政权巩固，经济繁荣，文化昌盛，民族关系融洽。唐代的文化从总体上来说呈现了一种恢宏壮阔、热烈昂扬的格调，这为唐代体育活动、尤其是马球运动的兴盛创造了一种良好的氛围。

除了上述原因外，还有以下原因推动了唐代马球运动的兴盛。

### 一、唐朝皇帝对马球运动的痴迷，是唐代马球运动发展的关键因素。

唐代马球运动盛行之极，不是一位皇帝、一代王朝，而是三百年时间。从唐中宗至唐昭宗十六个皇帝，人人都是马球爱好者。马球技艺高超的有三位，分别是唐玄宗李隆基、唐宣宗李忱、唐僖宗李儇；还有两位皇帝的死与马球有关，一位是唐穆宗李恒，在马球比赛中堕马中风；另一位是唐敬宗李湛，为马球将所杀。根据《封氏闻见记》记载，一次唐中宗和中外官员们观看马球赛。吐蕃国使臣向中宗要求与汉人一比高低，中宗就命宫中几名马球选手应赛，结果打了几场都输了。于是，中宗就命他的儿子临淄郡王（即后来的唐玄宗）和嗣搒王李鳖，以及驸马杨慎交、武延秀四人与吐蕃十人比赛。临淄郡王骑上马后，“东西驱突，风回电激，所向无前”，吐蕃队望尘莫及，只得认输告败。中宗见状大喜，赐绢数百缎。 1956 年，西安市唐长安大明宫含光殿遗址出土了一块刻有“含光殿及球场等大唐太和辛亥岁乙未月建”字样的奠基石志（图 2）。这块石志是在唐长安大明宫含光殿的殿基下发现的，正方形，边长 53.5 厘米。石心部分磨制光滑，上刻志文。大和是唐文宗李昂的年号，“辛亥岁”即大和五年，“乙未月”即十一月，这就说明唐文宗大和五年（831）十一月在这一带修建了“含光殿及球场等”。

图 2“含光殿及球场等大唐太和辛亥岁乙未月建”石志拓本

唐长安城大明宫内建有许多专供皇帝打球的球场，如麟德殿、清思殿、中和殿、雍和殿等都建有球场。这块“含光殿及球场等大唐太和辛亥岁乙未月建”字样的奠基石志是我国古代体育活动场地仅有的、极有价值的实物遗存，是研究我国马球运动的重要资料。从这块石志也可证明，皇帝的喜好是唐代马球运动兴盛的关键因素。

## 二、唐皇亲国戚、达观显贵对马球的喜爱对马球运动的发展起到了极大的推动作用。

唐代宫廷的马球热潮也影响到了皇亲国戚、达官显贵。据史料载，唐中宗的驸马杨慎交、唐德宗时的司徒兼中书令李晟、唐文宗时的户部尚书王源中等人，都是马球的“发烧友”。女子打马球是中国古代马球运动中的一大特色。要会骑马，能控驭住马匹，又要有挥棒击球的技巧，这对于古代少出闺门的妇女来说是实属难得的事。从史料记载来看，中国古代女子打马球不是出于自娱性活动，更不是为了军事练武，而是为了给别人表演娱乐，唐代宫中女子对马球运动格外青睐。五代时期花蕊夫人撰《宫词》记载：“自教宫娥学打球，玉鞍初跨柳腰柔。上棚知是官家认，遍遍长赢第一筹。”[2] 此诗说明，在五代后蜀国的宫中已经有较多的宫女学习马球开展女子马球的娱乐活动 。宋杨太后《宫词》：“击鞠由来岂作嬉，不忘鞍马是神机。牵缰绝尾施新巧，背打星球一点飞。”还有每年科举考试后，在祝贺新科及第的进士举行的活动中，就有一项是在月灯阁举行马球会。这时，那些在金殿对试时对答如流、笔走龙蛇的书生们，就又都成了身手矫健的马球行家（《唐摭言》载）。这些精英阶层对马球的喜爱，对马球运动的传播起到了极大的作用。

1959 年陕西省长安区韦曲东北约两公里的南里王村韦泂墓出土男、女骑

[2] 参见刘秉果，《中国古代体育史话》60 页——四川人民出版社 2007 年版

图 3 唐女骑马俑

马俑 88 件，其中有不少打马球俑（图 3）。女骑俑有各种各样的骑马姿势，由于年代久远，女俑手中虽然已经没有了马球杖，但是，从女骑手俯身挥臂的动作来看，可以断定是女子击球俑，这些打马球俑高 30—33.5 厘米，着彩衣马裤、脚蹬黑色皮靴，他们有的右臂挥舞球杆、有的俯身击球、有的跃马持丈、有的紧握球杆目视前方，把紧张激烈的马球运动表现得淋漓尽致。

这座墓的墓主人是唐中宗李显韦后的弟弟韦泂，其墓里出现这么多随葬的打马球俑，可以相信墓主人生前一定是一位马球运动的爱好者，而且在韦泂的家伎中，早已经有了女子马球艺人。

## 三、唐代将马球运动作为军队的训练手段，对马球运动的兴盛也起到了推波助澜的作用。

唐代的马球运动不只是上层社会仅有的，还作为唐代军队的训练手段在军中传播。“欲令四海氛烟静，杖底纤尘不敢生”，唐人阎宽在《温汤御球赋》中说，“击鞠之戏者，盖用兵之技也。武由是存，义不可舍。”军队经常打马球，练得兵强马壮，可以保卫国家安宁。打马球是一项危险性很高的运动，骏马奔跑起来的速度是很快的，本来就不太好驾驭，在这个过程中还要关注于击球，还要彼此协同作战，这样就很容易顾此失彼，从马上摔下来；马球运动在军队的推广，不但培养了军人们精良的马术，还提高了军人们的协调性和协作精神。

图 4 唐白陶打马球俑

1981 年陕西省临潼县关山的一座唐墓中出土了四件白陶打马球俑（图 4），俑高 7.5—7.7 厘米，长 12—12.8 厘米。马耳直立，马头前伸，四蹄凌空如飞。骑俑身姿矫健，身体前倾作马上击球姿。这些打马球俑栩栩如生，真实地反映出马球运动的激烈与动感。

## 四、马球运动本身的特点，是唐马球运动兴盛的根本原因。

在唐代，马球运动分为单、双球门两种比赛方法。单球门是在一个木板墙下部开一尺大小的小洞，洞后结有网囊，以击球入网囊的多寡决定胜负，双球门的赛法与现代的马球相似，以击过对方的球门为胜。马球运动是一项相当惊险、剧烈的运动，所以要求打马球者不仅具备强壮的体魄、高超的骑术与球艺，更要有勇敢、灵活、顽强、机智的素质。马球运动自身的这些特点非常具有吸引力，也就具有了生命力。

图 5 唐章怀太子墓壁画《马球图》局部一

1972 年陕西乾县章怀太子李贤墓中有壁画五十多幅，保存基本完好，其中《马球图》、《狩猎出行图》、《迎宾图》、《观鸟捕蝉图》等都很精彩。《马球图》（图 5）在墓道的西壁，它以众多的人物与宽阔的背景，完整地再现了马球运动的场面。画面上有骑马人物形象二十余人，他们都穿着各色窄袖袍，足登乌靴，头扎幞头。壁画的中心画面是五个骑者激烈争球的场面，他们奋力驱马争夺，最前面一人，手持偃月形球杖，作反身击球动作；身手矫健，姿态优美。后面的骑者或是穷追不舍，或是策马穿行于树木山石间。《马球图》壁画真实地反映出了马球运动的紧张激烈的场面，更展现出马球运动魅力所在。这件壁画是我国古代马球运动极其珍贵的形象资料。

因而从京都长安到各地州郡都普遍修建了马球场，频繁地举行各种形式的比赛。裴刺史主政福建的年代，正是强盛的唐朝经历了安史之乱以后国势日衰的时期，他把福州马球场设置在武装部队营地的旁边，大概也是出于加强军事训练进而恢复盛唐气象的初衷吧。

这座球场的确切位置在哪儿？它究竟是什么模样？1998 年 10 月，考古工作者在福州市区冶山东南侧中山路一带发现了它的中心位置。人们在这里清理出土了 400 平方米的局部球场地面。它的上面迭压着五代时期的城墙，下面是初盛唐时期的建筑堆积，说明球场是在清除旧时的废墟杂物、平整土地以后建筑起来的，至五代时期因扩建福州城墙而废弃，经历了整整一百年的时间。

球场的场地精工讲究，从考古发掘地层断面观察，由下往上，分别由灰黑土夹河卵石、沙土、红烧土夹瓦砾、土、红土夹沙，层层夯筑，层次清晰，混合胶结成厚达 30 厘米的坚硬板块。这样筑成的球场坚实而富于弹性，有利于骏马奔腾，而且不会尘土飞扬。表面如刀削一般的平坦，而且光滑得像古镜一样，似乎可以照出影子来，据唐代史籍记载，这一类平坦光滑的球场称作"打油球场"，据估计，其面积大约有现在的两个足球场那么大，可容纳好几万人。

唐代经济的繁荣，是马球运动兴盛的基础。开展马球运动要求有"新扫球场如砥平"的专用球场，有"风回电击"的优质良马，有"初月飞来画杖头"的精制球杖，有"驾驭烈马"高超骑术的驭手。由于唐朝长期稳定的经济基础，支持了马球运动在唐代的兴盛，福州《球场山亭记》残碑和马球场的发现，从不同的角度生动地再现了唐代马球运动的盛行，充分证明了唐代福州文化的繁荣。

参考文献：

【1】刘秉果.《中国古代体育史话》—— 四川人民出版社 2007 年版

【2】陈叔侗.福州中唐文献孑遗——《元和八年球场山亭记》残碑考辨.《福建历史文化与博物馆学研究》.福建教育出版社 1993 年版

# 宋代抱鞠童子彩陶俑研究

文 / 郝勤　高潇



2014 年 8 月 14 日南京青奥会期间，由南京博物院、河南博物院、陕西历史博物馆、四川博物院及成都体育学院博物馆五馆联合在南京博物院举办了“博·戏——中国古代体育文物展”。在本次展出中，一件由成都体育学院博物馆送展的宋代抱鞠彩陶童子俑引起了广大观众和众多文物专家的关注与兴趣。（见图 1）这件文物之所以引起关注，是因为它与存世的同期蹴鞠文物相比，不仅艺术价值与文物价值极高，且对宋代蹴鞠的研究有新的启发。本文以这件文物为主要考查对象，综合有关蹴鞠文献及其他宋代蹴鞠文物，对宋代蹴鞠的一些问题进行探究，以就教于方家。

## 一、抱鞠童子彩陶俑与宋代儿童蹴鞠文物

图 1

抱鞠童子彩陶俑高 30.2 厘米，坐地裸头，身着圆领宽袖罗衫，左脚着靴，右脚光脚，双手抱鞠，面目俊朗，表情生动，做工精美，栩栩如生，不仅是一件罕见的宋代体育史文物，亦是一件珍稀的宋代艺术精品。

中国古代蹴鞠从有史记载的战国始，一直沿袭传承到明末，前后近两千年基本没有中断。作为一个球类运动项目而言，这在世界体育史上是独一无二的。宋代是蹴鞠运动发展的巅峰，在这一时期，蹴鞠运动无论是竞赛体制、组织体系、活动体系、章程规则、运动伦理等都极为成熟完整，其社会影响与普及程度亦堪称其时的第一运动。

蹴鞠得以在宋代发展至巅峰，与宋代社会经济、政治尤其是文化的高度发达直接相关。史学大师陈寅恪曾指出：“华夏民族之文化，历数千年之演进，造极于赵宋之世。”这一时期，经济繁荣，城市繁华，文化发达，市民阶层富足而优雅，加之皇室贵族与文人士大夫阶层的喜好参与，从而为蹴鞠在这一时期的普及与发展提供了丰厚的土壤。

查宋代文献典籍，关于蹴鞠的记载甚多，但其中涉及儿童蹴鞠的内容却一字难求。有趣的是，现存有关儿童题材的蹴鞠文物却远较成人丰富，这是宋代蹴鞠史料的一大特色。就目前所见典型宋代蹴鞠文物而言，儿童或少年蹴鞠题材的文物有：故宫博物院藏宋磁州窑蹴鞠陶枕、故宫博物院藏《宋长春百子图蹴鞠》、河北博物院藏金磁州窑蹴鞠陶枕、河南博物院藏金磁州窑蹴鞠陶枕、成都体育学院博物馆藏宋抱鞠童子彩陶俑、金磁州窑蹴鞠陶枕、宋耀州窑童子蹴鞠瓷片、金耀州窑童子蹴鞠瓷片等。而目前所见成年人蹴鞠的文物仅有《宋太祖蹴鞠图》（上海博物馆）、蹴鞠纹铜镜（国家博物馆、湖南博物馆），宋蹴鞠纹象牙笔筒（安徽博物馆）等数种。

为什么宋代儿童蹴鞠文物较多而文献记载甚少？究其原由有以下两点：

其一，社会对蹴鞠健身功能与教育价值的认知促使蹴鞠成为儿童教育的手段。

虽然现存两宋文献中找不到关于蹴鞠在儿童和家庭学校教育中的作用与影响，但从这些文献中，可以看到宋人对蹴鞠的健身和教育价值有深刻的理解与认知。这或许是抱鞠童子彩陶俑一类儿童题材文物多见的原因。

首先，宋人认识到蹴鞠具有极高的健身价值。《蹴鞠谱》有《齐云理赋》:“夫气球者，儒名蹴鞠，社曰齐云。乃昔世壮士习运之能，王朝英杰游戏之学。士夫所喜，子弟偏宜。能令血气调和，顿使身心软美。虽费衣而达食，最灭强而欺村。体虽肥胖敬此而举履如飞，年乃隆高频踢则身轻体健。”又如《西江月》：“健体安身可美，喜笑化食堪夸，更言一事实为佳，肥风瘦痨都罢。”《须知》：“古之齐云，义礼无忘于圣贤之所置也。原神人用于军垒操集武士……运动肢节，善使血脉调和，有轻身健体之功，胜华佗五脏之戏。”少年儿童是身体发育成长的阶段，宋人对蹴鞠健身价值的认识有助于成年人认可鼓励儿童从事蹴鞠活动。

其次，宋人认识到蹴鞠具有良好的道德教化功能。《蹴鞠谱》记载了宋代圆社严格的社规和道德人品要求。要求入社蹴鞠之人必须有教养，尊礼法，守社规，用现代语言来说，就是要具备良好的体育精神与道德。如《蹴鞠谱》有《十紧要》:“要和气，要信实，要志诚，要行止，要温良，要朋友，要尊重，要谦让，要礼法，要精神。”《十禁戒》:“戒多言，戒赌博，戒争斗，戒是非，戒傲慢，戒诡诈，戒猖狂，戒词讼，戒轻薄，戒酒色。”这些表明，宋人蹴鞠并非单纯的娱乐游戏，也将其视为一种人格和道德的修养手段。

从宋代对蹴鞠的健身价值和道德修养功能的理解与认知看，可以认为宋人普遍将蹴鞠视为一种健康的教育方式，在儿童成长的家庭和私塾教育中不但不会加以排斥，反而会鼓励和支持儿童蹴鞠踢球。这从宋人苏汉臣等人的《婴戏图》中儿童在母亲身边蹴鞠游戏场景可以得到证明。

其二，文人与艺术家的不同视角。

宋代涉及蹴鞠的文献典籍甚多。除《宋史》中有关记载外，重要的诸如孟元老《东京梦华录》、吴自牧《梦粱录》、佚名《西湖老人繁胜录》、周密《武林旧事》、无名氏《蹴鞠谱》、汪云程《蹴鞠图谱》等。这些文献典籍反映了宋代蹴鞠的盛况，也为我们今天了解宋代蹴鞠留下了珍贵的文字史料。

仔细研究上述文献典籍我们会发现，宋代有关蹴鞠的文字记载中，关于儿童蹴鞠竟无只言片语。但从实际推论，蹴鞠在宋时如此流行，且这类竞赛游戏又是最受儿童喜爱且适宜儿童参与的，因而宋时儿童蹴鞠一定非常普遍。只是因为文人们仅关注周围成年人的活动，古时儿童又多在母亲和私塾教师身边成长，因而其蹴鞠活动易被其忽视。

但是陶器、瓷器、绘画等艺术创作却因视觉艺术的特点，促使艺术家能以史学家、文学家不同的视角，去关注儿童与家庭日常生活。宋时很多艺术家将儿童题材作为其创作的灵感与对象，将当时现实中儿童的活动以艺术形式表达出来。儿童蹴鞠由此成为艺术家们关注和表达的生活现象。也正因如此，有关儿童蹴鞠的文物就成为弥补宋时蹴鞠文献缺乏儿童蹴鞠记载的珍贵史料。

宋代婴戏图的流行也推动了儿童蹴鞠类题材的艺术创作。宋代是婴戏图的产生时期，其代表人物有画家苏汉臣、李嵩等。由于婴戏图上所绘儿童模样可爱，憨态可掬，深度契合儒家观念及民间祈求多子多福的文化心理，具有吉祥、祈子、福佑等多重文化心理功能，故在有宋一代蔚然流行。故宫博物院收藏宋苏汉臣《长春百子图卷》中有儿童蹴鞠情景。由于儿童题材的艺术创作深受社会喜爱欢迎，故鼓励了宋代很多艺术家和工艺人创作儿童题材的艺术品。抱鞠童子彩陶俑就是在这样的背景下出现的。

## 二、童子所抱之鞠研究

这件抱鞠童子彩陶俑有一细节引人关注：童子右手扶球，虎口上还卡拿着一长条型物件。而童子的左腿上也放置有一类似物件。这两个物件在以往的文献记载和文物图像中从未见过，但必与蹴鞠有关。这到底是什么呢？

据笔者考证，这两个物件应是宋人所说的“香胞”，也就是鞠的内胆。无名氏所著古本《蹴鞠谱》[1]中《蹴鞠文》载：“香皮十二，方形地而圆象天。”根据有关史料记载，从战国到汉代，人们所踢之“鞠”都是外以皮革制作而内填充以毛发一类轻柔物质做成的实心球。颜师古注《汉书·卷三十·艺文志》：“鞠以韦为之，实以物，蹴蹋之以为戏也。”这类实心球虽然粗糙，但却可以做得十分结实。由于实心球重量较重，没有弹性，在踢球时球只能在地面上滚动，因此从战国到唐以前的蹴鞠踢法只能是多人分队随球奔逐，“穿域蹋鞠”。由于运动量较大，所以这时的蹴鞠即是宫廷民间之戏，亦是军队的训练项目，“所以讲武知有材也”。[2]

唐代鞠的制作工艺发生了重大变革，出现了充气球。《全唐诗》卷八百七十一载归氏孙《答日休皮字诗》：“八片尖裁浪作球，火中火寻了水中揉。一包闲气如常在，惹拳招踢卒未休。”皮日休（约 838- 约 883）是晚唐著名诗人。这首诗反映出至少在中晚唐时，熟皮制作的八瓣球已经普及。又《文苑英华》卷八十一载唐仲无颜《气球赋》：“气之为球，合而成质，俾腾越而攸利，在吹嘘而取实。尽心规矩，初因方以致圆，假手弥缝，终使满而不溢。”表明唐时充气球的制作已经达到了较高水平。

充气球制作的关键是在熟皮制作的外壳内嵌入动物（一般是猪或牛）膀胱制成内胆。唐徐坚《初学记》：“鞠即球字。今蹴鞠曰球戏。古用毛纠结为之，今用皮。以胞为里，嘘气闭而蹴之。”较之以往的实心球，充气球的最大变化是球体轻，弹性好，可以踢得既高而远，亦可以踢出很多技巧花样。这直接促使汉以来“法月衡对，二六相当”[3]的六人双球门制蹴鞠演变成为唐宋盛极一时的单球门比赛和“白打场户”比赛。

至宋代，鞠的制作更加成熟。明代手钞本《蹴鞠谱》载宋代著名“健色”品牌达二十四种：“健色名，六锭银、虎掌、八月圆、金锭、古老钱、十二银、葵花、天净纱、龟背、旋螺虎掌、艾叶菊、十二梅、五角、锁子菊、曲水万字、侧金钱、云台月、斗底、转宫葵、灵花虎掌、镜把儿、两国和、十二月、菊花、梨花虎爪、叶底儿、一对银、鹁鸽头、香烟篆、一炉香、落心葵、满园香、不断云、一陌纸、一瓶花、双鸳鸯、天下太平、风调雨顺、百花朝阳、字字奴、六如意。”

这些品牌名称反映出宋代鞠的外壳制作有六瓣、八瓣、十二瓣之分，而使用最广泛的看来是六瓣球和十二瓣球。《蹴鞠谱》又载：“健色名，俗语气球，社号健色，风流多少童嗽。熟硝黄革，实料轻裁，密切缝成侵洹，不露线角，嵌缝深窝。梨花可戏，虎掌堪观，侧金线缝短难缝，六叶桃样儿偏送羡，斗底银锭少圆，五角葵花多少病，得知者切莫劳用。知者必须计较。水伤痴重，干怕轻狂，亦须气脉调均，方始踢作稳当。今时识者少，不知者多，前人健色正重十四两，足司四虎，运动频频照点。”隋唐至明十六两一斤，相当于现六百四十克左右。宋鞠标准重量为十四两，约合现五百六十克。现代正规比赛用足球规定周长不短于 68 厘米，不长于 70 厘米。球的重量为 450 克，不少于 410 克。故宋明之鞠略重于现代足球。

充气球的发明导致了蹴鞠技术和规则的革命。这种鞠外以多片熟皮缝制而成，以嘴或工具充气（打揎）后以丝绳系住气孔则可踢玩。但因鞠胆是动物膀胱制作而成，虽有能工巧匠精心制作，踢球时在外力作用下也较易破损，须备用内胆及时更换。《蹴鞠谱》中提到蹴鞠时须“香胞一套”，或许正说明在圆社蹴鞠时须备用多个鞠胆以备替换。

[1] 郑振铎《玄览堂丛书》第三集

[2]《后汉书》卷三十四《梁统列传》李贤注刘向《别录》

[3]《艺文类聚》卷五十四录汉李尤《鞠城铭》

以往文献与文物均未有鞠胆破损更换的记载或替换鞠胆的图像。但在现实中这是蹴鞠比赛中经常发生的事故。这件抱鞠童子彩陶俑正是表现了在一场激烈的比赛中，球的内胆被踢破了，小孩于是坐在地上拿出备用的“香胞”换上继续比赛的场景。

## 三、罗衫与球靴

宋代抱鞠彩陶童子俑另一值得关注的是其衣衫与球靴。宋人蹴鞠穿什么衣服？穿什么鞋？有无专用鞠衣或鞠靴？从常理而言，从事蹴鞠这样的球类运动应穿既贴身又宽松的短衣衫为宜。但中国古代传统汉服特点是宽衣广袖，右衽博带，端庄严谨。宋代因理学缘故，穿着更讲究复古拘谨，男人一般穿交领或圆领的宽袖长袍，文人多穿一种称为“直掇”的对襟长衫。这种服饰用今天的运动服装视角看是不适合运动的，因而在蹴鞠时须将前襟上卷掖扎在腰带之间。

从《宋太祖蹴鞠图》、宋代蹴鞠纹铜镜和宋代的蹴鞠象牙笔筒以及明汪云程编《蹴鞠图谱》中看，宋人在蹴鞠时均着常服，头戴软巾或幞头，着开领或交领长袍，不见专门的运动服。从文献资料来看，宋代圆社（齐云社）对蹴鞠的服装要求是很严格的。《蹴鞠谱》中有《整齐》一节，对蹴鞠的服装有严格的要求：“一格样，二拽扎，三行头，四鞋袜”。其《十不许》中就有不许“短衣下场”。《东京梦华录》卷九《宰执亲王宗室百官入内上寿》中记载了皇宫中职业球队“筑球军”的穿着：“左军球头苏述，长脚幞头，红锦袄。余皆卷脚幞头，亦红锦袄。”

抱鞠童子彩陶俑的穿着则与众不同。该童子身着圆领窄袖罗汉衫，下身着裤。从运动的角度看，这身服装几与现代运动服装无异，更适合蹴鞠和运动。圆领衫又称团领衫，南北朝时从胡人传入汉地，隋唐后成为男子的一种常服。圆领衫较之交领衫更便于头颈运动，如用丝、罗、纱一类轻盈的材料制作成衣，则更符合蹴鞠运动中轻盈、贴身、宽松、吸汗等要求。

童子抱鞠俑的服装与《宋太祖蹴鞠图》等不一样的原因，可能一方面儿童蹴鞠的穿着不用严格按园社社规要求；另一方面，《宋太祖蹴鞠图》中人物因身份原因，即使是蹴鞠穿着亦不能随意。更重要的是，这件文物也可能反映出宋代蹴鞠有专门制作的鞠服。这在文献中虽查不到明确记载，但也并非全无线索。如《蹴鞠谱》诗：“金鞍玉勒赏芳菲，醉日偏多醒日稀。归晚玉人陪笑问，汗衫犹带气球泥。”《添气礼》：“半拽罗衫意气豪，柳边花下兴陶陶。”诗中所说“汗衫”、“罗衫”可能都是专用的蹴鞠服装。另《蹴鞠谱》中有《谢盘子礼》：“踢罢气球，诸圆社友俱将解卸衣冠穿着，普集在盘子上”，其意为比赛结束后，参加比赛的双方球员应将汗湿污渍的运动衣换下，衣冠整洁地离去。

除了服装外，抱鞠童子俑的皮靴亦值得注意。宋代流行丝鞋，在宫廷设有专门制作管理丝鞋的“丝鞋局”。宋代官员与富家子弟大都穿布鞋和皮靴，其鞋式大多为一种履头高而翘的云头履和凫舄，平民百姓多穿价格低廉耐磨防滑的双齿木屐和蒲鞋、草鞋和帛鞋。《宋太祖蹴鞠图》等文物中蹴鞠者均穿丝鞋或布鞋。但从常理和蹴鞠运动的特点来看，丝鞋布鞋均不宜踢球。踢球时穿皮制的鞋才实用耐用。因此，抱鞠童子俑足穿皮靴，应是宋时蹴鞠的真实写照。

## 四、小结

以往关于蹴鞠的研究大多偏于文献资料，很少有考古文物资料的研究。而古代蹴鞠文物则能有效弥补文献材料的不足。抱鞠童子彩绘俑是一件十分珍贵的宋代蹴鞠文物，其身上包含了丰富的历史文化信息，是中国古代体育史研究的重要文物材料。这件文物所表现的“足球要从娃娃抓起”理念，对鞠的制作工艺以及鞠服鞠靴等方面的研究均具有重要价值。

参考文献：

【1】《蹴鞠谱》，郑振铎，《玄览堂丛书》第三集

【2】《群书类要事林广记》，（宋）陈元靓

【3】《说郛·蹴鞠图谱》（元）陶宗仪

【4】《万宝全书·戏球场科范》（明）陈继儒

【5】《文献通考》（元）马端临

【6】《宋朝事实类苑》（宋）江少虞

【7】《东京梦华录》（宋）孟元老

【8】《武林旧事》（宋）周密

【9】《梦粱录》（宋）吴自牧

# 射而成道　礼以立人——中国古代射艺的教育功能

文 / 宗争



## 一、弓人为弓：作为器物文化的弓与箭

弓箭是一种组合型的远程武器，由弓和箭两部分组成。弓的部分由弹性的弓臂和有韧性的弓弦构成，箭则包括箭头、箭杆和箭羽，其中，箭头为铜或铁制，杆为竹或木质，羽为雕或鹰的羽毛。在枪、炮等热兵器出现并作为军队的基本装备之前，弓箭是人类最为重要狩猎工具和兵器之一。

弓箭历史悠久，源远流长。据中国古代传说，黄帝之子少昊青阳氏的儿子"挥公"，始制弓矢，并任"弓正（长）"一职，子孙因此赐姓为"张"。据考古发现，弓箭的历史可以追溯至旧石器时代，1963 年，在中国山西朔县峙峪村的旧石器时代晚期遗址中发现了一枚用燧石打制的箭镞，该遗址的年代约为距今 2.8 万年，足见弓箭之久远。20 世纪初发现于德国汉堡的 Stellmoor 弓，距今约 1.1 万年，是迄今为止发现的世界上最早最古老的弓，可惜在二战中毁于战火。

从物理属性上讲，弓箭是利用自然物所制作的人造物，它是经由人类设计、制造而成的工具，利用弹性势能与动能的转换原理，用以有效地击打远程目标。弓箭是人类"器物文化"的一部分，它的创造制作本身就是人类智慧的结晶，凝结着无数代工匠的心血。

从原始的个人手工打制到官方制定专人督造，中国古代逐渐形成了关于弓箭设计制作的规范体例。至迟成书于战国初期的《周礼·冬官考工记》记载了周朝制作弓箭的技艺："取六材必以其时，六材既聚，巧者和之。干也者，以为远也；角也者，以为疾也；筋也者，以为深也；胶也者，以为和也；丝也者，以为固也；漆也者，以为受霜露也。……凡为弓，冬析干而春液角，夏治筋，秋合三材，寒奠体，冰析灂。"彼时，中国人已经开始使用多种材料（干、角、筋、胶、丝、漆）来制作复合反曲弓，弓身用揉制过的木干或竹材，内侧用胶

粘上牛角，外侧用胶粘筋，弓外用丝缠绕，髹漆为防护层，弓弦则用蚕丝制成。如此制作出来的弓，拥有更好的弹性，同时经久耐用。北宋《梦溪笔谈·造弓》言良弓："有六善：一者性体少而劲，二者和而有力，三者久射力不屈，四者寒暑力一，五者弦声清实，六者一张便正。"

而同时期的其他地域，则尚未掌握如此复杂的制弓技术。制作一把良弓，环环相扣，周期头尾长达三年。《古列女传·辩通传·晋弓工妻》载："当平公之时，使其夫为弓，三年乃成。"而据 1942 年谭旦冏对成都长兴弓铺的调查，从材料制备到作出成品，一张弓的制作周期一般是三年，头尾共四年，工艺之繁难，可见一斑。

区隔、等级、秩序的划定和区分是文化系统形成和发展的重要标志。古人制弓，根据弓矢的品级进行划分，以匹配相应的政治身份。《考工记》载："为天子之弓，合九而成规；为诸侯之弓，合七而成规；大夫之弓，合五而成规；士之弓，合三而成规。"弓解弦后，弓体反曲，呈弧形，所谓"成规"，就是围成一个圆形。制弓选用的干才越优良，弓的弯曲度越小。天子之弓解弦后，弧度只占圆周的九分之一，是最好的弓。

弓箭的箭，亦称"矢"，在周朝已经有相当明确的功能性区分，在制作上亦考虑了形制与重心，主要有如下三个大类：

（一）用于近战、狩猎的鍭矢、杀矢；

（二）用于守城、车战，可以火射的兵矢、枉矢、絜矢；

（三）用于弋射、猎鸟的田矢、矰矢、茀矢……通常簇上有小孔，可以系绳。

除此之外，古人还极其重视"人、弓、失"三者之间的关系，"凡为弓，各因其君之躬志虑血气"，也就是在相对统一的制造工艺之中，还会根据持弓者的性情，为其"量身定做"。而两种最佳的搭配，则是"人安"者，用"危弓"和"安矢"；"人危"者，用"安弓"和"危矢"。这一理论对于现代射箭运动的心理素质训练和弓矢选择，仍具有相当的参考价值。

至于箭菔、扳指等伴随弓矢而出现的器物，在后世的文化变迁之中，甚至逐渐失去了实用功能，成为一种饰品。扳指，古称"决"，有保护扣弦手指，避免拉伤、刮伤的作用。晚清俗语"贝勒有三宝：扳指、核桃、笼中鸟"，扳指已经演变为一种身份的象征，其制作材质也从最初的角、骨，变为金、玉等。

## 二、进退周还必中礼：射礼

古语云："兵器三十有六，而弓为称首；武艺一十有八，而射为第一。"弓矢制作精良，并不代表任何人都可以轻松驾驭。要领会弓矢制作者的设计意图，以及熟练地掌握射击的技术，需要经过反复的练习和琢磨。

人操作工具形成技艺，弓箭为人所用，即有“射艺”。熟能生巧，锻炼射艺需要反复练习，才能得心应手。而对相对自由的射箭练习活动加以规范，制订规则和奖惩方式，再通过具体的游戏活动进行广泛地交往、协调和调整，能够形成相对稳定的游戏形式。因此，各个使用弓箭的民族几乎都有自己独具特色的射箭游戏或射箭比赛。

中华民族特有的射箭活动是“射礼”。3000多年前的西周时期，射礼成为平定天下之举国体制，有“大射礼”、“宾射礼”、“燕射礼”、“乡射礼”等四种主要的射礼范式昌明于世。目前，我们仍有“大射仪”及“乡射礼”两种文献可供参考。

《礼记·射义》曰：“是故古者天子，以射选诸侯卿大夫士。射者，男子之事也，因而饰之以礼乐也。故事之尽礼乐，而可数为，以立德行者，莫若射。故圣王务焉。”中华射礼是身体教育、德行教育、礼仪教育的完美结合，它不仅是一种古代体育竞技项目，还是一种具有甄别选拔人才作用的政治活动。它的目的不在于选拔箭术超群者，而是通过射礼来观察人的姿态、品行、心智等。

古代的箭靶称为“侯”，一般为兽皮所制。之所以没有放在前文叙述，是因为“侯”是为射礼而设，并不为射箭活动的另外两个功能——战争或狩猎——所使用。《考工记》上写：“梓人为侯，广与崇方，三分其广，而鹄居一焉。……张皮侯而栖鹄，则春以功；张五采之侯，则远国属；张兽侯，则王以息燕。”大射礼陈设皮侯，宾射礼陈设五彩侯，燕射礼则用纹绘动物的兽侯。“故射者，各射己之鹄。故天子之大射，谓之射侯。射侯者，射为诸侯也，射中则得为诸侯，射不中则不得为诸侯。”（《射义》）侯有等级分隔，在不同的场合使用不同的箭靶，是中华射礼的独有特征。而“射不中则不得为诸侯”，可见射箭活动在当时的地位。

而作为一种复杂的文化活动，“射礼”有一整套具体程序，较之现代射箭竞技活动，更加具有人文气息。

首先，射礼通常有“三番”：

第一番射“贯而不释”。是说贯中目标也不计算成绩，而侧重的是要求及考察射者的进退仪容是否合乎礼节。以现在的习惯来看，可以视为热身赛。此番射透出的信息是：射礼先要“中礼”。

第二番射“不贯不释”。是指不能贯中目标就不计算成绩，要求射者进退中礼之外，还要射艺娴熟，礼技并重。此番射表达的信息就是：“中礼”、“中的”同样重要。

第三番射“不鼓不释”。则指射者进退还要应和乐节，并且每一箭都必须应和鼓节来发射，贯中后才能计算成绩。此番射传达的重要信息则是：“中礼”、“中节”、“中的”三中合一。

其次，射礼与饮酒礼相结合，形成了“饮不胜者礼”。“古者诸侯之射也，必先行燕礼；卿大夫士之射也，必先行乡饮酒之礼。故燕礼者，所以明君臣之义也；乡饮酒之礼者，所以明长幼之序也。”对射礼中成绩落后者或败北者给予美酒。酒在古代极其精贵，有养生补气的疗效。向败者敬酒，意在勉励，体现了对参与者的尊重和关怀。

第三，整个射礼活动“饰之以礼乐”，形成了非常典雅的礼仪效果。《礼记·射义》中称：“其节，天子以《驺虞》为节，诸侯以《狸首》为节，卿大夫以《采苹》为节，士以《采蘩》为节。”文中列举的多是诗经或古诗的篇目，古时“诗歌一体”，诗都可以吟唱，作为射礼活动的辅助节奏。

现藏于河南省博物馆，于1993年河南平顶山出土的“柞伯铜簋”的内篆铭文中，记载着周昭王在周都举行“大射礼”的情形，是难得的对“射礼”活动的文物佐证。

## 三、仁者如射：射艺与教育

孔子复兴六艺之教，包含了“礼、乐、射、御、书、数”六种，“射”居第三，足见其重要性。一般认为，射、御之术，可以视为中国古代的体育教育。

其实，“儒家有动功”，六艺之教，本就包含着“动功”。射、御只不过是比较直接的身体修行，礼、乐、书、数皆与身体相关。北京大学国学研究所所长、台湾学者龚鹏程说：“礼要演习，有容有仪、有舞有乐，本来就是要动的。乐之舞勺、舞象亦然。射箭、御车马更不用说。”孟子的箴言“吾善养吾浩然之气”，其实蕴含着气功的精髓。《孔子家语》中有言：“文事必有武备，武事必有文备。”文事武备从来不分家。史上却有大字不识一箩筐的野蛮武夫；但却并不像时人所臆想，文人都是手无缚鸡之力，不堪一击。文人有武功者，大有人在，只是在明朝之后才逐渐式微。

古人选择“射”和“御”作为身体教育的典型方式，而不是蹴鞠、秋千等其他娱乐活动，自有其非常深刻的特殊原因。

《礼记·射义》云：“射者，进退周还必中礼。内志正，外体直，然后持弓审固。持弓审固，然后可以言中。此可以观德行也。”参与或尝试过射箭活动的人都能体会到，射箭活动与其他体育活动重要的区别在于，它对于姿势、气息、发力的方法等均有其“天然的”要求。演习射箭活动，前期最重要的并不是能否命中靶心，而是持弓、击发的姿势是否正确标准，身形姿态扭曲、呼吸急促或是急功近利，匆忙击发，都不可能顺畅击射，命中鹄的。即便偶尔得中，也只是侥幸，最终还要回复到正规的训练之中。

孔子曰：“射者何以射？何以听？循声而发，发而不失正鹄者，其唯贤者乎。

若夫不肖之人，则彼将安能以中。”因为射箭活动的这种特性，古人认为，从一个人射箭的习惯，可以看出其德行修养。换言之，习射可以静心养性，增进修为。

孟子曰："仁者如射，射者正己而后发；发而不中，不怨胜己者，反求诸己而已矣。”这一说法应得自于《礼记·射义》："射者，仁之道也。射求正诸己，己正而后发。发而不中，则不怨胜己者，反求诸己而已矣。”弓矢可以为战争、狩猎活动所用，同时也可以被改造为一种体育、游戏活动。更进一步，作为身体教育、游戏活动的“射艺”，逐渐褪去了其作为体育活动的“竞技性”——射箭活动的目标并不在于努力争胜，而是对自己身心修为的考验，在比赛中落败，不应该迁怒于胜利者，而应该检视反省自己。

儒家所倡导的运动方式和运动精神，并不像现代社会中的运动或游戏，刻意强调灵与肉的分裂，精神与肉体的区别。儒家之学，身心一体，与心灵、精神融为一体，甚至与天地自然一道，强调和谐统一，后世研究者从西学角度出发，往往不能透彻理解，多有忽略。射有狩猎杀生的功用，但一旦被吸纳和改造，它本身养心调志的意味就萌发出来，“射之为言绎也。绎者，各绎己之志也，故心平体正。”

《孟子》云："谨庠序之教"，"序者，射也"。夏朝的习射机构就称之为“序”。因为演习射艺亦属教育的一部分，通常在学校或学校周边开展，故而，“序”也就被借代为学校之意。习射自古以来就是教育不可分割的一部分，换言之，体育自古以来就是教育的题中之义。实际上，在中国历史中，射艺教育从来就没有中断过。

及至清朝，为了巩固和壮大满族统治政权，使满族旗人官兵成为清王朝的军事支柱，清帝规定“国语骑射”是满族的根本。雍正、乾隆两代皇帝曾多次下达谕旨强调“骑射国语，乃满洲之根本，旗人之要务”。提倡“国语骑射”的目的，是要求八旗人员保持本民族的特长、习俗，防范浸染汉民习俗而全盘汉化。八旗汉军学习满语，自雍正七年（1729年）始。“如不能以清语奏对履历者，凡遇升转俱扣名不用”。同时下令“蒙古旗人习学蒙古语”。

而受到中华文化影响的日韩等国，则至今没有中断射艺、射道的普及和传承。韩国称之为“国弓”，在公园、大学校园中均设有公共的射箭或投壶场所，供大众练习竞技。日本许多女子成年礼更是选择用射礼来进行。因为少女习射，对发育中的女性身形健美非常有帮助。内志正，外体直，更可以调养她们中正平和的心气，故很受欢迎。

## 四、于艺：弋射与投壶

今天，射礼仅以文字形式保存在典籍之中，但与射艺相关的另外两种活动，弋射和投壶，相对来说，却拥有比较丰富的文物佐证。相较射礼，弋射和投壶，又复归了其游戏、娱乐的功能。

弋射就是用带绳之箭射击飞鸟，射中之后可以清算计数，进行竞赛，还具有一定的娱乐性和观赏性。人类告别了原始狩猎生活之后，逐渐转向以农耕为主的生产方式。狩猎不再是维持温饱的必要活动，而成为了一种休闲的游猎方式，至周代形成了春蒐、夏苗、秋狝、冬狩的围猎制度。现藏于四川博物院，于 1965 年在四川成都出土的“水陆攻战纹铜壶”，壶身上通过金银嵌错，铸绘着弋射、习射、战射等画面，展现了 2300 多年前的礼俗生活。其中第二层右侧刻绘了一张“侯”靶，非常生动。

投壶亦称射壶，由射礼演化而来一种投掷性竞赛游戏。春秋时期，贵族士大夫模仿射礼的规则制度，将射箭变为掷箭，以酒壶代替箭靶，在宴会酒席上竞赛。投壶在春秋时期礼仪繁琐，秦汉后逐渐演变为纯娱乐性的竞技游戏，汉代开始有了专用的壶和箭。南北朝时期，武风衰弱，这种游戏在士大夫阶层中盛行不衰，成为士族生活的特征。吴宇森导演的电影《赤壁》中，设立了一个桥段，即是周瑜、张飞等比赛投壶，张飞屡投不中，心平气和的周瑜则每发必中。

## 五、结语

射箭活动最初用于狩猎，后成为战争中的重要兵器。但在中华文化之中，它还具有特殊的政治、礼仪、教育、娱乐功能。通过“射礼”，君王化成天下，宣明秩序，维系稳定的政治社群关系；而通过“射艺”，圣人行君子之教，昌明教化，传达修身养性的法门。古人倡导的运动方式和精神，强调身心一体，和谐统一，与天地自然融为一体。射礼、射艺以及投壶弋射，既是身体教育的合理方式，也承载着天人合一的中华道统。

第一单元

# 君子六艺　儒者知兵——射御

▼教育是体育的重要功能之一，夏商周三代的学校里专门设置有体育相关的科目和课程。周代官学教育『六艺』成为定式，其中射、御两艺，就是当时的体育课。由于军事作战的需要，射和御是战车的基本技能，因此射和御是中国古代最早的体育教育内容，不仅如此，参与运动竞技被视作培养人的礼仪和品格的重要手段，藉此强调人的全面发展，即文武兼备，人格和谐。

## 第一组　君子之争　必也射乎——射艺

射在奴隶社会不仅是重要的军事技能，还是宗教祭祀、外交盟会、宫廷宴会与农村结社中的重要内容。春秋时期还发明了弩，因此在历史上更受人们的重视。

### 射箭岩画

射箭在奴隶制社会不仅是重要的军事技能，而且是日常生活中的重要内容，弓箭甚至成为男子汉的标志。在学校教育中，规定了“白矢、参连、剡注、襄尺、井仪”等五项基本考核内容。

**“射猎”岩画**
新石器时代－青铜时代
宁夏博物馆藏
长 30 厘米、宽 14 厘米、厚 10 厘米

"射猎"岩画
新石器时代－青铜时代
宁夏博物馆藏
长 57 厘米、宽 38 厘米、厚 26 厘米

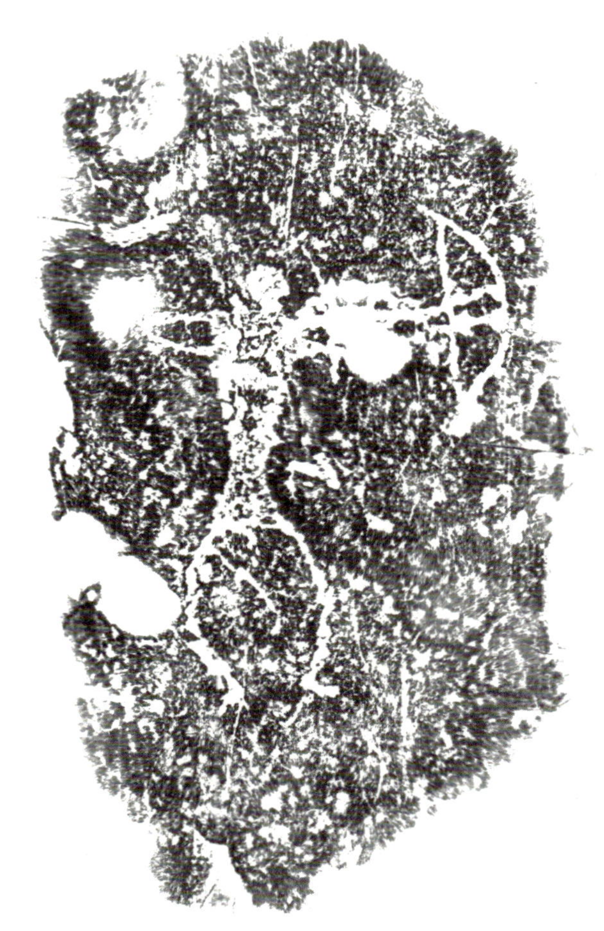

"射猎"岩画拓片
原物为：新石器时代－青铜时代
宁夏博物馆藏
长 58 厘米、宽 46 厘米

**"射猎"岩画**
新石器时代 - 青铜时代
宁夏博物馆藏
长 63 厘米、宽 46 厘米、厚 25 厘米

**“狩猎”岩画拓片**
原物为：新石器时代－青铜时代
宁夏博物馆藏
长 82 厘米、宽 51 厘米

**石镞**
新石器时代
福建省福清市东张新石器时代遗址出土
福建博物院藏
长 8.1 厘米、宽 3.1 厘米、厚 0.5 厘米

**骨镞**
新石器时代
福建省福清市闽侯县昙石山遗址出土
福建博物院藏
长 7.9 厘米、宽 1.4 厘米、厚 0.5 厘米

**骨镞**
新石器时代
福建省福清市闽侯县昙石山遗址出土
福建博物院藏
长 6.8 厘米、宽 1.5 厘米、厚 0.6 厘米

**蚌箭镞**
新石器时代
四川博物院藏
长 5.9 厘米、肩宽 2 厘米、厚 0.3 厘米

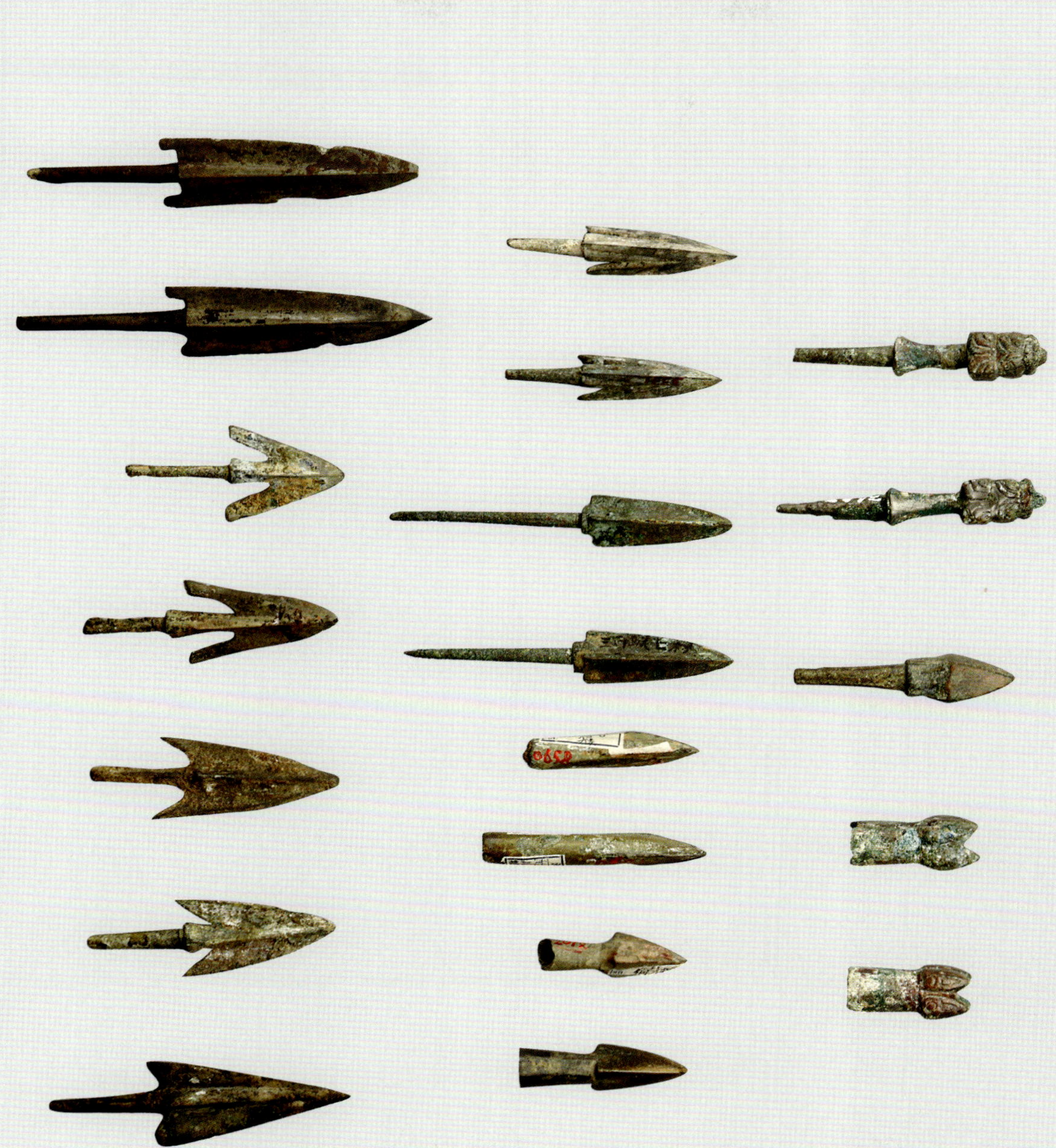

铜箭镞
商周时期
河南博物院藏

**铜镞**
西汉（前 206 - 公元 25）
福建省武夷山市城村汉城遗址出土
福建博物院藏
长 8.5 厘米、边长 1.5 厘米

**长茎铜镞**
汉代（前 206 - 公元 220）
福建博物院藏
通长 14.6 厘米、茎长 8.5 厘米

**铜箭镞**
东汉（25-220）
四川省成都市新都区新繁镇清白乡出土
四川博物院藏
长 17.9 厘米、最宽 1.1 厘米、厚 0.2 厘米

**铜箭镞**
东汉（25-220）
四川省成都市新都区新繁镇清白乡出土
四川博物院藏
长 17.7 厘米、最宽 1.1 厘米、厚 0.2 厘米

## 弓箭

弓是最古老的一种弹射武器。它由富有弹性的弓臂和柔韧的弓弦构成，当把拉弦张弓过程中积聚的力量在瞬间释放时，便可将扣在弓弦上的箭或弹丸射向远处的目标。箭包括箭头、箭杆和箭羽。箭头为铜或铁制，杆为竹或木质，羽为雕或鹰的羽毛。弓箭作为远射兵器，在春秋战国时期应用相当普遍，被列为兵器之首，贵族将门之子从小就学习射箭。

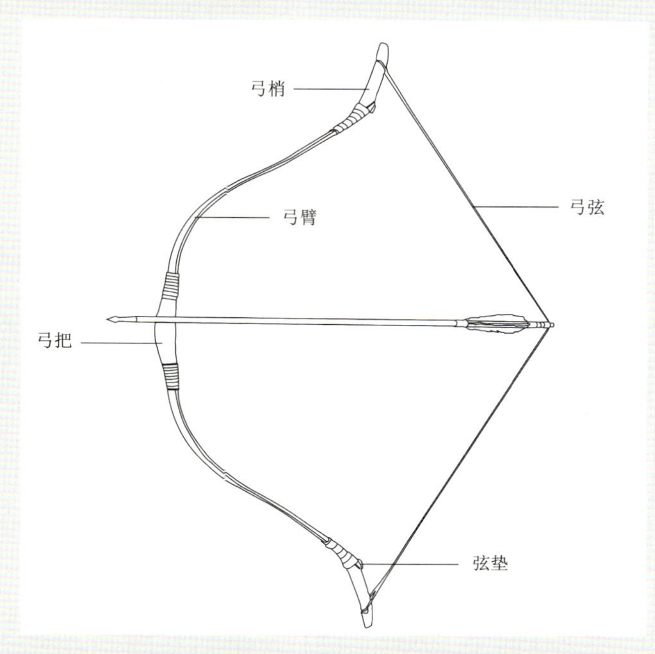

弓
清代（1616-1911）
四川博物院藏
弧长 106 厘米

箭
清代（1616-1911）
四川博物院藏
全长 105.5 厘米、镞长 9.1 厘米、直径 1.2 厘米

**弓箭**
清代（1616–1911）
成都体育学院博物馆藏
弓臂长 140 厘米

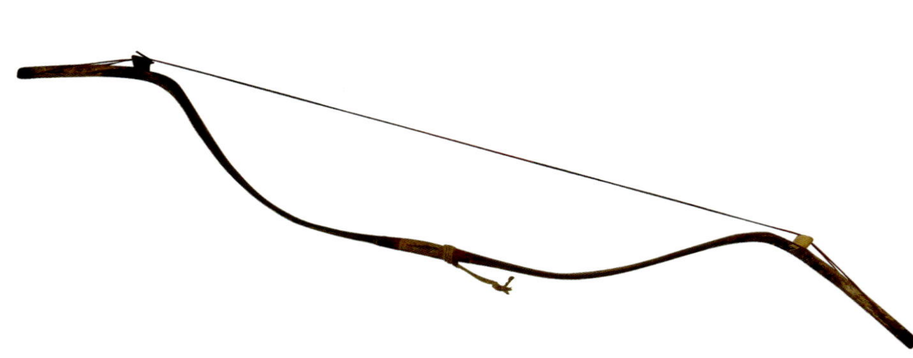

**靶弓**
清代（1616–1911）
成都体育学院博物馆藏
弓臂长 156 厘米

**响箭**
民国
成都体育学院博物馆藏
长 79 厘米

## 弩机

弩是用机械力射箭的弓，是由弓发展而成的一种远程杀伤性武器。弩机在公元前就成为重要武器。西方学者认为中国战国时期的弩机可以和近代的“来复枪”相媲美，是古代工程技术的杰出成就之一。

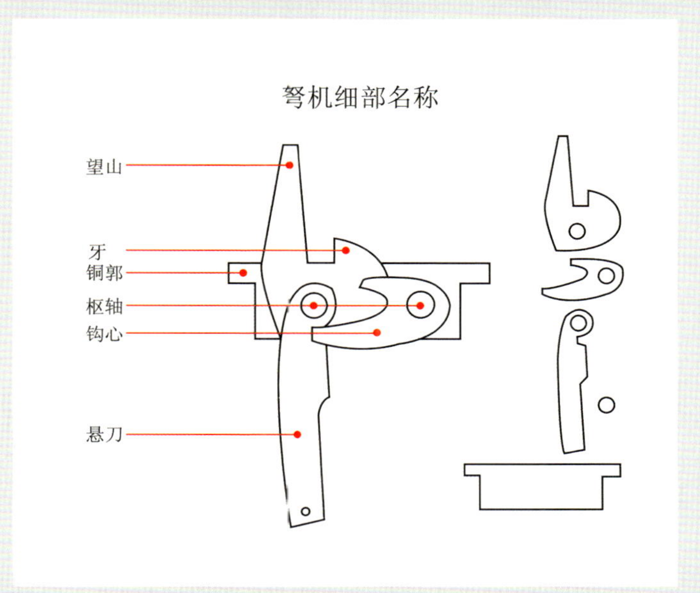

铜弩机
汉代（前 206 - 公元 220）
福建博物院藏
长 16.7 厘米、宽 3.5 厘米

铜弩机
汉代（前 206 - 公元 220）
福建博物院藏
长 5.9 厘米、宽 1.6 厘米

铜弩机
汉代（前 206 - 公元 220）
河南省灵宝市汉墓出土
河南博物院藏
高 3.5 厘米、后宽 2.9 厘米、前宽 2.2 厘米

**铜弩机**
汉代（前 206－公元 220）
河南博物院藏
望山 6.8 厘米、郭长 12.7 厘米

望山是古代弩机上的简易瞄准器。战国弩机的望山尚无刻度，西汉时出现了带刻度的望山。战国时期的弩机都是青铜制造的，这是一种转轴连动式的装置，包括望山、牙、悬刀、钩心和键等部分。张弦装箭时，手拉望山，牙上升，钩心被带起，它的下齿卡住悬刀刻口，这就可以用牙扣住弓弦，将箭置于弩臂上的矢道内，使箭尾抵于两牙之间的弦上，然后通过望山瞄准目标，往后扳动悬刀，钩心脱离悬刀刻口，牙下缩，箭随弦的回弹而射出。

**错金羽纹铜弩机**
汉代（前 206－公元 220）
河南博物院藏
宽 4.2 厘米、郭长 19.5 厘米

**铜错金银弩机**
清代（1616-1911）
福建博物院藏
长 18.6 厘米、宽 5.5 厘米、高 7 厘米

## 扳指

扳指古代称为“决”，取其决断敏捷之意。清代至今仍称作“扳指”，似有助指扳弦之意。扳指是一种护手的工具，带于勾弦的手指，用以扣住弓弦。同时，在放箭时，也可以防止急速回抽的弓弦擦伤手指。古人亦称为“机”，意义类似于“扳机”，表示扳指的作用相当于扳机。

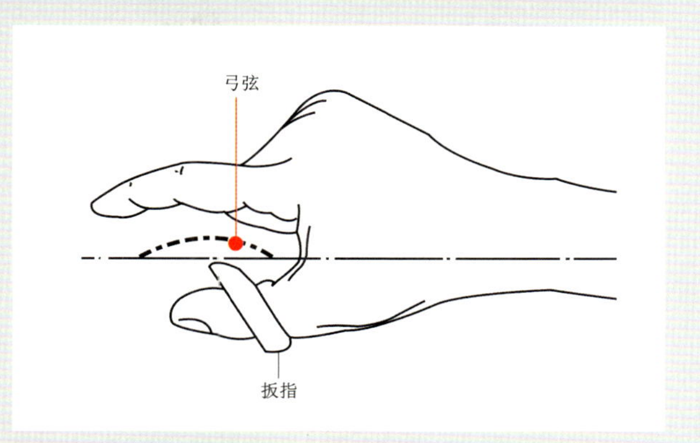

白玉扳指
汉代（前 206 - 公元 220）
四川博物院藏
口径 2.3 厘米、高 2.4 厘米

白玉扳指
清代（1616-1911）
四川博物院藏
直径 3.5 厘米、高 2.9 厘米

玛瑙扳指
清代（1616-1911）
四川博物院藏
内径 2 厘米、高 2.8 厘米

白玉山水人物板指
清代（1616-1911）
福建博物院藏
高 2.6 厘米、直径 3.5 厘米

孔雀绿板指
清代（1616-1911）
福建博物院藏
高 2.7 厘米、直径 3.3 厘米

## 弋射、狩猎

西周时期，为了训练与检阅国家的军事力量，有“三时务农，一时讲武”的制度，称为“讲武之礼”。为了将“讲武之礼”与实战及娱乐相结合，周王每年都要举行带有军事演习性质的大规模田猎。这种在郊野进行的大规模狩猎活动十分隆重，它既是一种礼仪活动，又是国家军事训练与检阅的特殊形式与手段，其意义和今天的“大阅兵”非常相似。

**弋射收获画像砖**
东汉（25-220）
四川省成都市大邑县安仁镇出土
四川博物院藏
长 39.6 厘米、宽 45.5 厘米、高 6 厘米

弋射收获画像砖拓片

**陶弋射俑**
东汉（25-220）
四川省遂宁市船山崖墓出土
四川博物院藏
高 11 厘米

**陶弋射俑**
东汉（25-220）
四川省资阳市南市乡八村崖墓出土
四川博物院藏
高 12.7 厘米

**仰射男俑**

汉代（前 206 - 公元 220）

河南博物院藏

高 12.5 厘米

红釉骑射俑
汉代（前 206－公元 220）
河南博物院藏
马长 29.50 厘米

**狩猎纹砖**
秦代（前 221 - 前 206）
陕西历史博物馆藏
长 47.5 厘米、宽 17.2 厘米、高 9.8 厘米

**仰射陶俑**
唐代（618–907）
陕西省咸阳市底张湾出土
陕西历史博物馆藏
高 8.5 厘米

**绿釉博山盖陶奁**
东汉（25-220）
河南博物院藏
腹围 60.5 厘米

**绿釉狩猎纹陶壶**
汉代（前 206- 公元 220）
河南省灵宝市阀底镇出土
河南博物院藏
腹围 80.5 厘米

**骑马射箭画像砖**

汉代（前206-公元220）

成都体育学院博物馆藏

长34厘米、宽16厘米、厚15厘米

**射猎画像砖**

东汉（25–220）

四川 博物院藏

残长 28 厘米、宽 25.6 厘米、高 6 厘米

射猎画像砖拓片
原物为：东汉（25-220）
四川博物院藏
纵 44 厘米、横 68 厘米

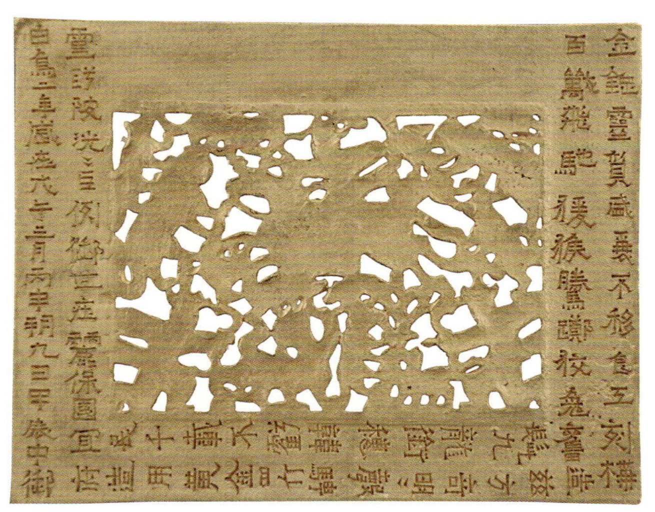

**射猎图金方奇**
隋代（581 - 618）
宁夏盐池县青山乡古峰庄出土
宁夏博物馆藏
长 18 厘米、宽 14 厘米、厚 1 厘米

射猎图金方奇，正中铸刻射猎图，中心上方刻一头戴插羽宝冠、身着铠甲、足蹬靴、腰插箭袋、满弓待发的武将形象，胯下坐骑健步奔驰；武将左右下方各有一戴胄着甲、挽弓跪射的勇士，三组人物与虎、豹、猿等猛兽构成一幅生动激烈的追捕画面。

**骑马狩猎纹镜**
唐代（618-907）
河南博物院藏
直径 28.5 厘米

**骑马狩猎纹镜**
唐代（618-907）
河南博物院藏
直径 28.5 厘米

镜作八菱形，半球形钮。正面略鼓并有光泽。背面主题纹饰为狩猎图，四骑士皆跨奔驰的骏马，其一手持长矛刺向一熊，其二左手执弓作逐兔状，其三追赶狂奔的野猪，并回首转身开弓射兔，其四执鞭策马，追逐一鹿。狩猎纹与镜钮间的方形空间饰仙山四座，各山之间皆饰一树；狩猎图外侧用鸟、蜂、蝶、蜻蜓及小花卉装饰补空；外区以十六组蜂花图案均匀装饰其间。

**狩猎图摹本**
唐代（618-907）
陕西历史博物馆藏

帝王狩猎图横披

清代（1616-1911）

四川博物院藏

画心：纵 120.7 厘米、横 335 厘米；装裱：纵 141 厘米、横 404 厘米

## 第二组　立德正己　礼乐相和——射礼

中国古代的射礼是进行礼治教化的手段，同时还具有祭祀神灵、宣示和平、增进友谊、强健身体，娱乐游戏等多重功能。在操作方面，射礼有详细的竞赛规则，有缜密的组织分工和专职人员，有音乐伴奏，有名次和奖励等。西周的射礼，按等级分为四类：大射、宾射、燕射、乡射。这些完善的规程和组织管理措施使射礼成为堪与古希腊奥运会相媲美的大型古代竞技运动。

### 射礼、习射

**柞伯铜簋**

西周（前 1046－前 771）

河南省平顶山市应国墓地出土

河南博物院藏

高 16.5 厘米、口径 17 厘米、支座底径 13.4 厘米

柞伯铜簋铭文

铭文释义：在八月庚申这一天，周王在都城宗周举行大射典礼。王命南宫率领朝中各位卿大夫士，命师口父率领小臣仆人。王悬赏十块饼金，对柞伯说："小臣已经准备好扳指，你如能射中，就取走饼金。"柞伯十次举弓，没有一箭脱靶，王于是把十块饼给了柞伯，另外又赏赐一套乐器柷敔。柞伯因此铸器祭祀其父周公，以为纪念。柞伯簋的铭文记录了周昭王在周都举行大射礼的过程，同时也反映了西周时期的贵族教育制度。

**水陆攻战纹铜壶**
战国(前475－前221)
四川省成都市百花潭中学出土
四川博物院藏
口径13.2厘米、高40.3厘米

水路攻占纹铜壶，壶身纹饰有4层，第一层为“习射、采桑”；第二层为“宴乐、弋射”；第三层为“水陆攻战”；第四层为“狩猎”，画面有人物200余。通体嵌错表现“乡射礼”、“大射礼”等周代贵族生活的图画，其中最上一层表现贵族射箭的情景，一群腰配短剑、手持弓箭的贵族男子，正列队走上一座高台进行射箭训练，还有人在鼎和俎案前忙碌，为这些贵族男子准备酒食，供他们射箭之余享用。

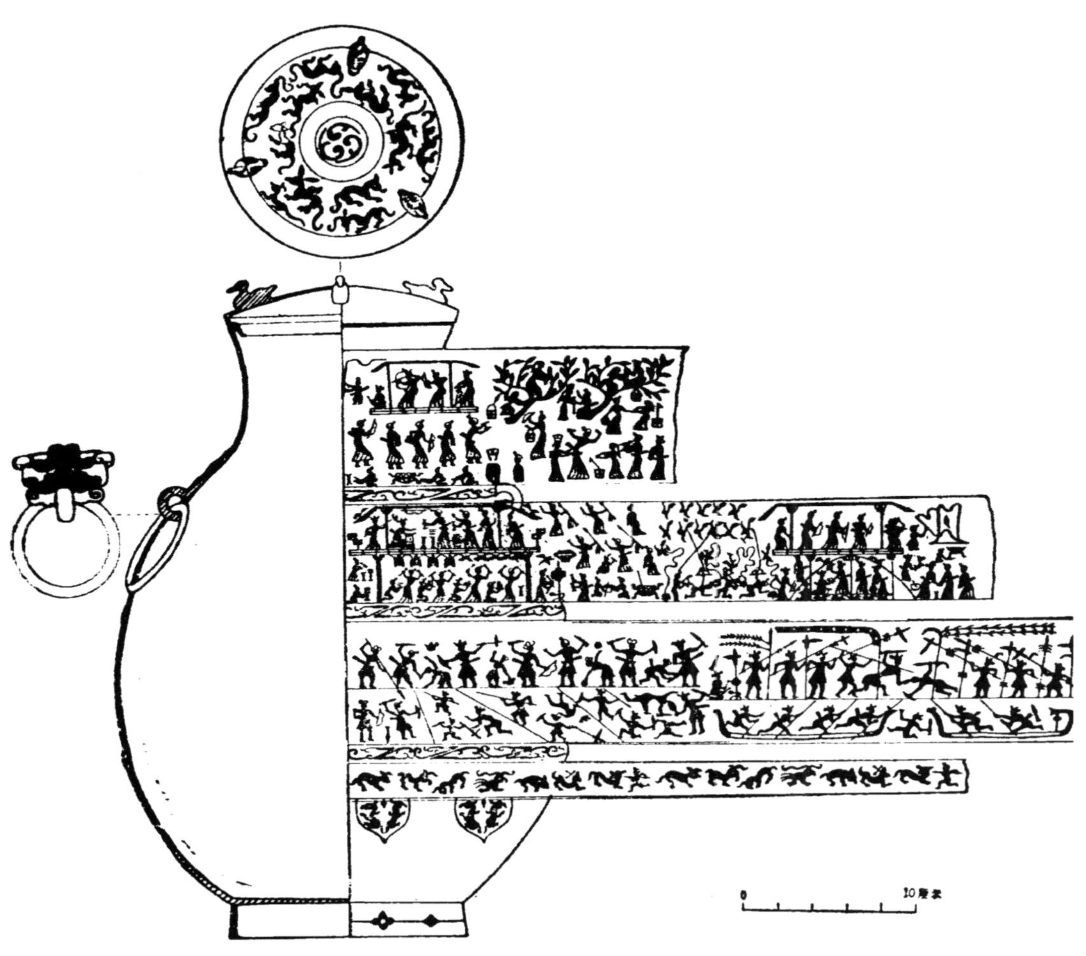


水陆攻战纹铜壶白描图

**习射画像砖**

东汉（25-220）

四川省德阳市柏隆乡十二村出土

四川博物院藏

长 39 厘米、宽 24 厘米、厚 6.6 厘米

习射画像砖拓片

## 雅歌投壶 射之细也——投壶

投壶亦称射壶，是由射礼演化而来的一种投掷性竞赛游戏。春秋时期，贵族士大夫模仿射礼的规则制度，将射箭变为掷箭，以酒壶代替箭靶，在宴会酒席上竞赛。投壶在春秋时期礼仪繁琐，秦汉后逐渐演变为纯娱乐性的竞技游戏，汉代开始有了专用的壶和箭。这种游戏在士大夫阶层中盛行不衰，成为士族生活的特征。

**朱砂投壶**
汉代（前 206 - 公元 220）
成都体育成都体育学院藏
高 27 厘米

**绿釉陶投壶**
西汉（前 206 - 公元 25）
河南省济源市轵城泗涧沟墓地出土
河南博物院藏
高 20.6 厘米

**双螭纹投壶**
明代（1368-1644）
河南博物院藏
通高 42 厘米

**双螭纹投壶**
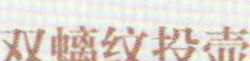
明代（1368-1644）
河南博物院藏
通高 44 厘米

## 击壤

在中国古代娱乐性的投掷游戏中，投掷的准确性是游戏的核心，曾经在上层社会中流行的投壶就是这样的一种游戏。而追溯历史，像这样的投掷性游戏，早在原始社会末期的帝尧时代就已经开始出现，有“尧民击壤”之说。据《风土记》和《艺经》等文献记载，壤，是一种长不过尺、形状如屐的木头玩具，一个插在三四十步开外的地方，另一个拿在手里奋力投掷，击中者为上。该游戏自尧以后，历代均有流传。

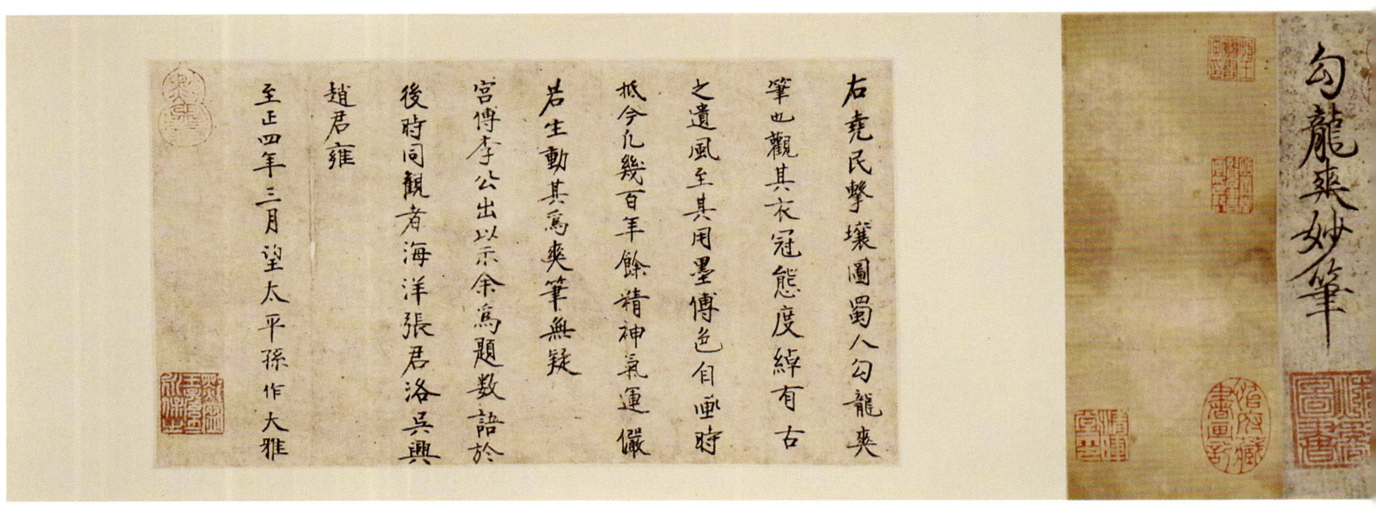

**仿勾龙爽尧民击壤图卷**

清代（1616-1911）

四川博物院藏

纵 23 厘米、横 276.8 厘米

## 第三组 马体安于车 人心调于马——御术与马术

御术与赛马，是中国古代流行久远的民族传统体育运动项目之一。这类运动形式在商代已有了较大发展，而至汉代则更为兴盛。随着历史的发展，御术和赛马无论在民间还是在军事训练中，都成为主要的运动和娱乐形式，并有了新的发展。明清之际，御术虽有所衰退，但赛马的比赛与表演活动却在民间和军中日渐兴盛。



### 御术

“御”是指驾御马车的技术。由于先秦战争主要是车战，因而对于贵族青年来说，学会娴熟地驾车，掌握“御”的技术是非常重要的。在西周时期，御术和射术同为“六艺”的主要内容之一。殷商时期战车成为普通的作战工具，驾驶技术成为学校教学的重要内容，根据车战的实际经验，西周时期总结出五种驾车的技术：五御包括：鸣和鸾、逐水曲、过君表、舞交衢、逐禽左。

**四马御车铜饰牌**
战国（前475－前221）
鄂尔多斯博物馆藏

**青铜马**
战国（前 475－前 221）
福建博物院藏
高 60 厘米

**车节约**
战国（前 475 – 前 221）
鄂尔多斯博物馆藏

**鎏金车头挂饰**
战国（前 475 – 前 221）
鄂尔多斯博物馆藏

**车马器铜铃**
战国（前 475 - 前 221）
鄂尔多斯博物馆藏
长 11.6 厘米、宽 8.8 厘米、高 15.2 厘米

**车马器铜铃**
战国（前 475 - 前 221）
鄂尔多斯博物馆藏
长 1.5 厘兴、高 7.6 厘米

**车马器铜铃**
战国（前 475 - 前 221）
鄂尔多斯博物馆藏
长 4.7 厘米、高 2.1 厘米

**车辕饰**
战国（前 475 – 前 221）
鄂尔多斯博物馆藏
高 7.9 厘米

**车辕饰**
战国（前 475 – 前 221）
鄂尔多斯博物馆藏
高 7.3 厘米

**狐狸头饰当卢**
战国（前 475 – 前 221）
鄂尔多斯博物馆藏

**当卢**
战国（前 475 – 前 221）
鄂尔多斯博物馆藏

**马面饰**
战国（前 475 - 前 221）
鄂尔多斯博物馆藏

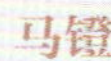

**马镫**
辽代（907-1125）
内蒙鄂尔多斯市东胜县板洞梁出土
鄂尔多斯博物馆藏
高 26 厘米、宽 13.5 厘米、侧宽 6.5 厘米
高 26 厘米、宽 13.1 厘米、侧宽 6.2 厘米

**马镫**
西夏（1038-1227）
鄂尔多斯博物馆藏

**伍伯画像砖**

东汉（25-220）

四川省德阳市柏隆乡出土

四川博物院藏

长 39 厘米、宽 24.5 厘米、高 6 厘米

车马出行图作为汉代墓室画像的主要题材内容，从西汉中晚期出现开始，盛行于整个东汉（25–220），且一直延续至魏晋时期。古代官府中，执行鞭刑和杖刑的打手通称伍伯。伍伯都戴红头巾，穿绛色衣服，装束与其他衙役有别。官员出行时，伍伯充当仪仗的前导，需要对人用刑时，就由伍伯动手。

**伍伯画像砖**

东汉（25-220）

四川博物院藏

长 45 厘米、宽 25 厘米、高 6 厘米

## 马术

马术，主要包括马戏和赛马两类，有关的资料可追溯至战国时期。唐宋时期，马术获得了新的发展，延至明清，马术运动更为兴盛，不但民间流行这一活动，军队也将其作为练兵的手段

**米黄釉骑马俑**
隋代（581–618）
福建博物院藏
高18厘米

**彩绘骑马女俑**

唐代（618-907）

宁夏青铜峡市连湖农场出土

宁夏博物馆藏

长 23 厘米、宽 8.6 厘米

三彩骑马狩猎俑
唐代（618–907）
陕西省乾陵永泰墓韩永 M1 出土
陕西历史博物馆藏
长 23.5 厘米、高 32 厘米

**骑马狩猎俑**
唐代（618–907）
陕西省法门寺乾陵懿德墓出土
陕西历史博物馆藏
长 29 厘米、高 34 厘米

**瓷骑马俑**
明代（1368-1644）
四川博物院藏
高 37 厘米

**瓷骑马俑**
明代（1368-1644）
四川博物院藏
高 37.7 厘米

**赛马图卷（局部）**
清代（1616-1911）
四川博物院藏
纵 30.2、横 228.5 厘米

# 第二单元

# 文以立世　武以修身——武艺与武学

▼在华夏文化的土壤中，历史慷慨地给了中华民族发展武术的时间和条件，使其在体系的构成、文化的内涵等方面都博大精深。其内容包括徒手、器械等各种套路和形式。中华武术在发展过程中突破技击的局限，形成以武学和武举为核心的系统教育和选拔体系，在中国古代体育发展史上占有重要的地位。

## 第一组　内外兼修　形神兼备——武艺与武术

中华武术是集实战、表演和健身于一体的独具民族特色的传统体育项目。它起源与史前人类狩猎、战争等社会实践活动，兴盛于宋代，明清时得到了进一步发展，出现了丰富多彩的套路，形成了风格迥异的流派。中国武术始终追求内外兼修，讲究形神兼备、内外合一。所谓“内”和“神”则是指内在的、心里的、精神的内容，体现了武术对促进人的全面发展的积极意义。

### 武术兵器

武术兵器来源于古代军队作战的制式兵器，并随着武艺的不断发展演化，品类不断增加。武术兵器可分为：长兵、短兵、远兵、软兵、勾兵、刺兵、击兵、暗兵等多种形式，因此常有“十八般兵器”的说法。

**武库画像砖**
东汉（25-220）
四川省成都市新都区马家乡出土
四川博物院藏
长 41.3 厘米、宽 33.5 厘米、高 5.6 厘米

武库画像砖拓片

**剑**

剑，古之圣品也，至尊至贵，人神咸崇。乃短兵之祖，近搏之器，以道艺精深，遂入玄传奇。实则因其携之轻便，佩之神采，用之迅捷，故历朝王公帝侯，文士侠客，商贾庶民，莫不以持之为荣。剑与艺，自古常纵横沙场，称霸武林，立身立国，行仁仗义，故流传至今，仍为世人喜爱，亦以其光荣历史，深植人心，斯可历传不衰。

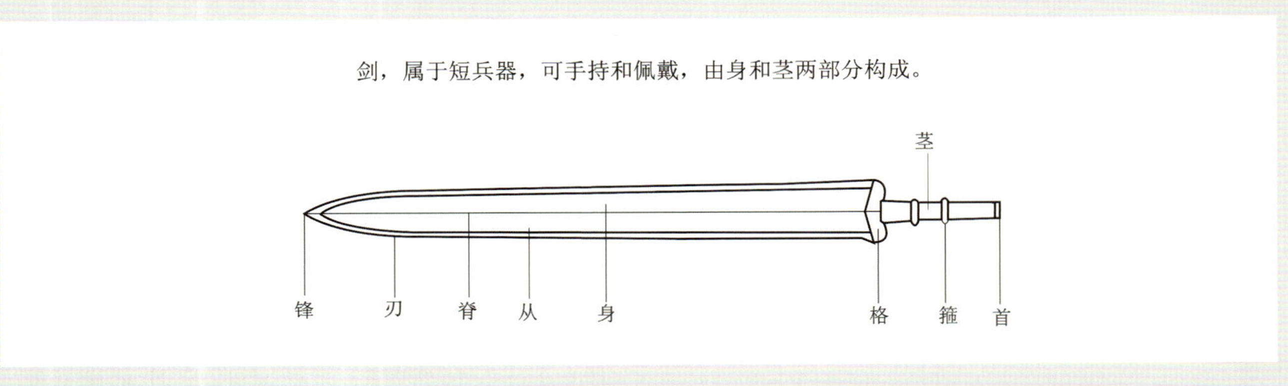

**手心纹铜剑**
战国（前 475 – 前 221）
四川博物院藏
长 37.6 厘米、宽 3.1 厘米、厚 1 厘米

**柳叶形虎斑纹铜剑**
战国（前 475 – 前 221）
四川博物院藏
长 31.5 厘米、最宽 3.2 厘米、厚 0.9 厘米

**青铜剑**
战国（前 475 – 前 221）
宁夏博物馆藏
长 45.1 厘米、宽 4.5 厘米

**青铜剑**
战国(前 475 - 前 221)
福建博物院藏
长 41.3 厘米、宽 3.9 厘米

**空茎铜剑**
战国(前 475 - 前 221)
福建博物院藏
长 49.5 厘米、宽 4.5 厘米

**青铜剑**
战国(前 475 - 前 221)
福建博物院藏
长 47.5 厘米、宽 4.7 厘米

**剑的配件**

玉、剑结合物早在西周时期就出现了。春秋战国时期，四样俱全的玉剑饰逐渐形成，到了西汉玉剑饰就成了王公贵族佩剑上的重要装饰品，也成为当时社会身份的象征。在剑柄与剑鞘上镶嵌的玉饰，我们称之为玉剑饰；饰玉的剑称作玉具剑。一柄完整的玉具剑由 4 个玉饰物组成，它们分别是剑首、剑格、剑琉、剑珌。

**玉鸠头剑珌**
战国（前 475 - 前 221）
四川博物院藏
长 2.6 厘米、宽 4.1 厘米、高 1.8 厘米

**玉剑格**
汉代（前 206 - 公元 220）
四川博物院藏
长 5.8 厘米、宽 2.1 厘米、高 1.3 厘米

**玉剑璏**
汉代（前 206 - 公元 220）
四川博物院藏
长 10.5 厘米、宽 2.4 厘米、高 1.1 厘米

**仿黄玉剑首**
清代（1616-1911）
四川博物院藏
直径 5.1 厘米、高 1 厘米

**铜戈、铜矛**

戈，钩杀兵器，有直内戈、曲内戈、銎内戈和有胡戈等几类。

矛，用于冲刺的兵器。矛体分锋刃和骹两部分。

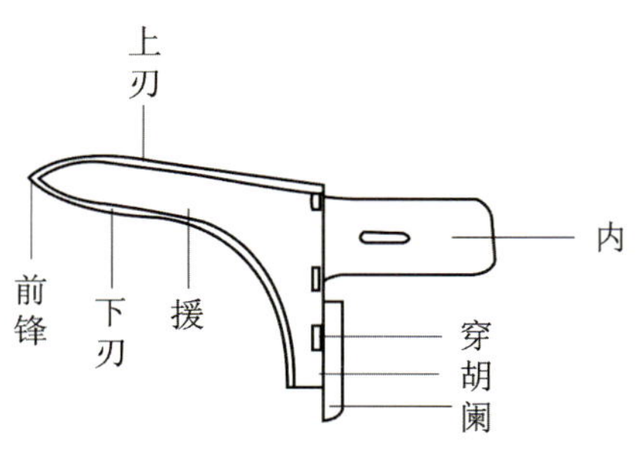


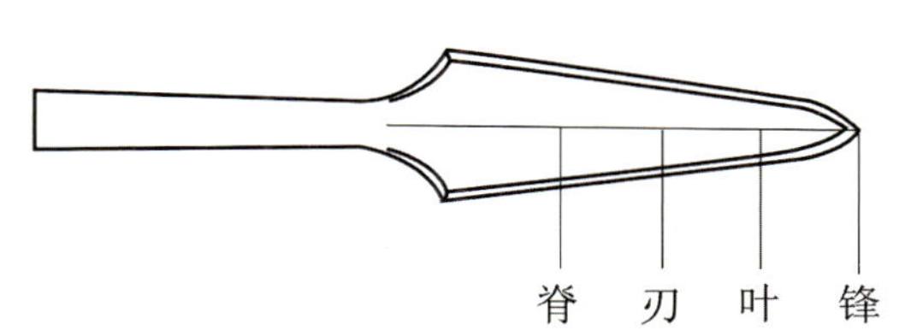

**穿孔石戈**
新石器时代
福建省泉州市南安石壁水库出土
福建博物院藏
长 16.5 厘米、宽 6.2 厘米、厚 0.7 厘米

**石矛头**
新石器时代
福建省闽侯县昙石山遗址出土
福建博物院藏
长 7.4 厘米、宽 2.2 厘米、厚 0.5 厘米

**二穿戈**
春秋（前 770 – 前 476）
福建博物院藏
内长 7.1 厘米、援长 12.9 厘米、胡长 6 厘米

**三穿铜戈**
战国（前 475 - 前 221）
福建博物院藏
内长 6.9 厘米、援长 11 厘米、胡长 6.9 厘米

**青铜戈**
战国（前 475 - 前 221）
宁夏博物馆
长 19.4 厘米、宽 9.5 厘米

**两脊双叶矛**
战国（前 475 - 前 221）
福建博物院藏
长 13.1 厘米、管径 2.1 厘米

**剑型铜戟**
战国（前 475 – 前 221）
河南博物馆藏
长 30 厘米、宽 22 厘米

**青铜矛**
宁夏博物馆藏
战国 – 汉代（前 475 – 公元 220）
长 20.3 厘米、刃宽 3.3 厘米

**仿周陈侯戈**
清代（1616–1911）
福建博物院藏
内长 7.5 厘米、胡长 6.7 厘米、援长 16.8 厘米

**胡汉交战画像砖**
汉代（前 206 - 公元 220）
河南省新野县樊集乡出土
河南博物院藏
长 122.5 厘米、宽 33.5 厘米、厚 14 厘米

**胡人执盾武士俑**
西晋（265-316）
成都体育学院博物馆藏
宽 25 厘米、高 44 厘米

**执弓武士画像砖**
南北朝（420-589）
河南省邓县学庄村出土
河南博物院藏
长 38 厘米、宽 19 厘米、厚 6 厘米

**青瓷武士俑**
唐代（618–907）
四川博物馆藏
高 21.3 厘米

**青瓷武士俑**
唐代（618–907）
四川博物馆藏
高 28.5 厘米

**釉陶执戟俑**
明代（1368-1644）
四川省成都市凤凰山朱悦燫墓出土
四川博物院藏
俑高 33 厘米

**釉陶执戟俑**
明代（1368-1644）
四川省成都市凤凰山朱悦燫墓出土
四川博物院藏
俑高 34 厘米

**釉陶执盾俑**
明代（1368-1644）
四川省成都市凤凰山朱悦燫墓出土
四川博物院藏
俑高 32 厘米

武术兵器

**李纲锏**

宋代（960-1279）

福建博物院藏

通长 96.50 厘米、厚 0.40 厘米

李纲（1083-1140），字伯纪，号梁溪居士，福建邵武人，宋代著名政治家、抗金名臣，高宗时期为相。该锏为钢制，全长 96.5 厘米、重 3.6 公斤。锏身呈棱形，四面刃，近格处嵌金篆书："靖康元年李纲制"。锏茎为花梨木，刻斜旋纹，锏首呈瓜楞状。锏为一种近战兵器，宋代一般为高级将领专用。该锏是靖康元年李纲率京师汴梁军民与金兵交战时打造。

**黑皮鞘腰刀**
清代（1616-1911）
四川博物院藏
全长 88 厘米、宽 7.5 厘米

**木把皮鞘腰刀**
清代（1616-1911）
四川博物院藏
全长 89 厘米、宽 4.8 厘米

**虎枪**
清代（1616-1911）
四川博物院藏
长 237 厘米、最宽 5.6 厘米

**龙头柄铜剑**
清代（1616-1911）
四川博物院藏
长 81.8 厘米、宽 3.5 厘米

**短剑**
清代（1616-1911）
四川博物院藏
长 60.7 厘米、宽 3 厘米

**铁月牙铛**
清代（1616-1911）
四川博物院藏
镋长 43 厘米、全长 191.6 厘米

**青龙偃月刀**
民国
陕西历史博物馆藏
长 230 厘米

刻花龙纹铜锏
清代（1616-1911）
陕西历史博物馆藏

带鞘鸳鸯铁剑
清代（1616-1911）
陕西历史博物馆藏

## 拳术

拳术为中国武术徒手技法的总称，简称拳。古时有手搏、技击、使拳、拳法、白打等称谓。早期，拳术与军事武艺并不区分，宋代开始，拳术套路开始盛行，明清时代拳术有力地推动了武术的大发展，还出现了许多武术研究家和拳法论著，宋初调露子《角力记》是第一本有关角力和拳术的专业书籍。宋神宗元丰三年（1080）颁行的《武经七书》是一部重要的武学教材。另外还有戚继光的《纪效新书》、王宗岳的《太极拳经》、黄百家的《内家拳谱》、陈鑫的《陈氏太极拳图说》等。

**少林技击图谱册**
清代（1616-1911）
四川博物院藏
纵 25 厘米、横 15.4 厘米

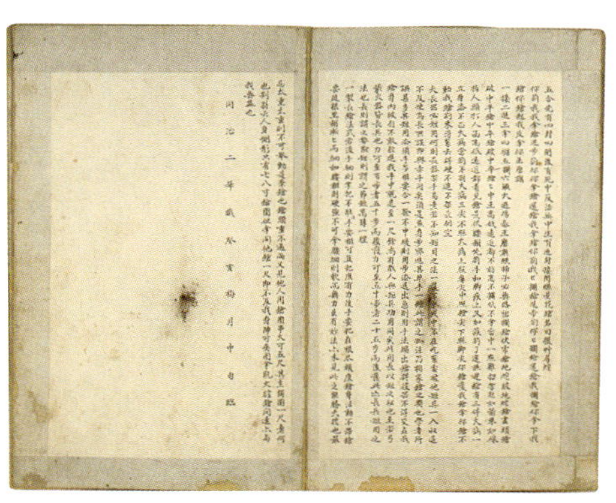

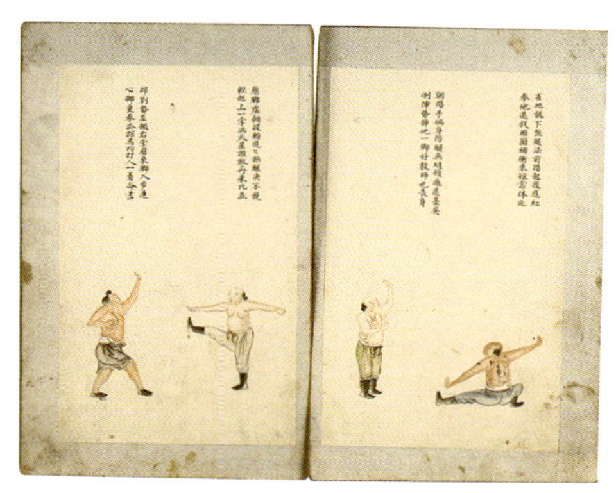

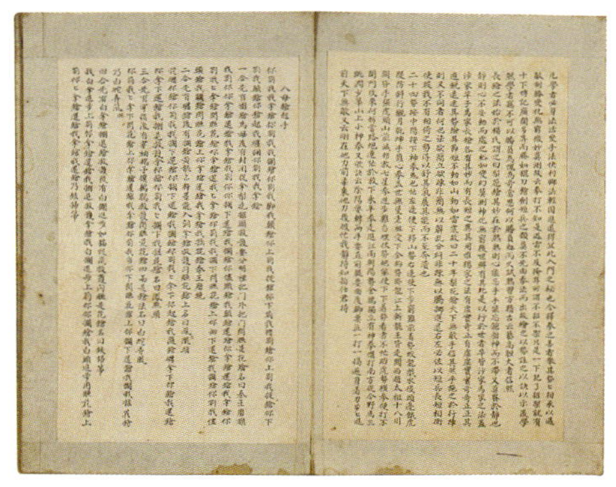

## 第二组　取士拔才　必先弓马——武学与武举

科举制度是中国古代最为重要的人才选拔制度，分文、武两科，其中武举是专为选拔武官而设的科目。唐武则天时期，开始设置武举制，“取士拔才，必先弓马”，将校的选练纳入科举的轨道。宋代王安石变法，提出学校教育要“求专门，兼文武”，武学教育开始兴起，除研习兵法、操练弓马外，武学还讲释“历代用兵成败，前世忠义之节”。武学的建设，使军事武艺进入学校领域，使军事体育的教学方法、措施、目的、思想进一步完善，促进了军事武学教育制度的开展和民间武学教育的发展，对后朝产生了很深的影响。

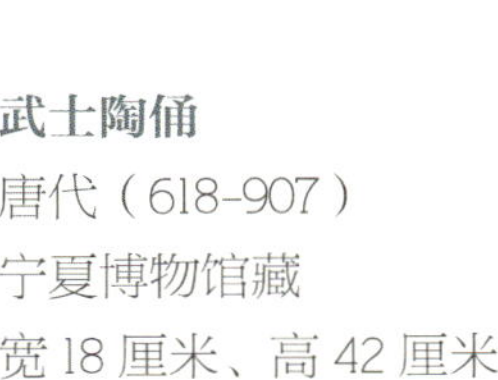

**武士陶俑**
唐代（618-907）
宁夏博物馆藏
宽 18 厘米、高 42 厘米

**武士射箭砖**
唐代（618-907）
福建省福清市渔溪镇水涨桥新店村出土
福建博物院藏
长 17.5 厘米、宽 17 厘米、高 7.1 厘米

**骑马射箭画像砖**
唐代（618-907）
福建省福清市渔溪镇水涨桥新店村出土
福建博物院藏
长 20 厘米、宽 17.5 厘米、高 7.2 厘米

**三彩武士陶俑**
宋代（960-1279）
四川博物院藏
高 54 厘米、底 13.3 × 10.7 厘米

**釉陶武士俑**
明代（1368-1644）
四川博物院藏
高 85.8 厘米

**黄培松状元木匾**
清代（1616-1911）
福建博物院藏
长 173 厘米、宽 83 厘米、最厚 6 厘米

黄培松（1855–1925），字贤礼，号菊三，福建南安市人。早年弃文从武拜名家为师，膂力出众、勇武过人。清光绪六年（1880）钦点武状元，授御前一等侍卫。后在广西、广东等地担任总兵、提督等高级将领，曾以军功获卓勇巴图鲁封号。

**青花人物射箭纹罐**
清代（1616-1911）
陕西历史博物馆藏
口径 10 厘米、高 25 厘米

**甲胄**
清代（1616-1911）
宁夏博物馆藏
长 76 厘米、宽 79 厘米

**十八般兵器**
清代（1616-1911）
成都体育学院博物馆藏

**石锁**

民国

成都体育学院博物馆藏

长 34 厘米、宽 26 厘米

第三单元

# 球场竞逐　健儿英姿——球类运动

▼中国古代的球类运动项目数量繁多，规则完备，开展范围广泛，独具特色。在这些球类项目中，以被称为古代足球的蹴鞠、骑马以杖击球的马球、徒步以杖击球的捶丸等为主要运动形式。随着历史的发展，这些球类运动项目在各民族之间流传，发展成为中华各民族群众民间娱乐、军队训练和赛场竞技的重要内容，拥有深厚的群众基础。值得注意的是，古人在开展这些球类活动时，有严格的比赛规则以及需要遵守的道德礼仪要求，反映出球类活动在我国古代起着一定的道德教化作用。

## 第一组　穿域蹋鞠　圆社风流——蹴鞠

蹴鞠是中国古代的一种球类运动，起源于春秋战国时期，在中国绵延发展2000余年而不衰。蹴鞠比赛规则完善，娱乐性强，无论是在军队还是在民间都极为流行。不仅如此，开展蹴鞠活动还要遵守诸多的规则，如在汉代《蹴鞠铭》中规定了要求队员公平竞争，而裁判则需公正执法。宋代蹴鞠行会组织“齐云社”有“齐云戒文”、“十紧要”、“十禁戒”、“十不踢”、“十不赛”等规定，反映出蹴鞠活动在我国古代不仅是一种重要的体育娱乐活动，同时还具有很强的教育意义。

**抱鞠童子彩陶俑**
宋代（960-1279年）
成都体育学院博物馆藏
高32厘米

童子身着罗衫，抱球趺坐平视，神态安详。手中所抱之球为宋代时期的特制充气鞠，反映了当时儿童蹴鞠的基本情形。

**白釉瓷蹴鞠陶枕**
宋代（960-1279）
河南博物院藏
长 19.5 厘米、宽 29.5 厘米、高 10.5 厘米

**磁州窑蹴鞠纹枕**
金代（1115-1234）
成都体育学院博物馆藏
长 31 厘米、宽 21 厘米、高 10 厘米

**青花蹴鞠纹杯**
清代（1616-1911）
福建博物院藏
口径 2.9 厘米、底径 3.5 厘米、高 5 厘米

**青花蹴鞠纹杯**
清代（1616-1911）
福建博物院藏
口径 7 厘米、底径 3.5 厘米、高 5 厘米

**青花蹴鞠纹杯**
清代（1616-1911）
福建博物院藏
口径 4 厘米、底径 3.5 厘米、高 5 厘米

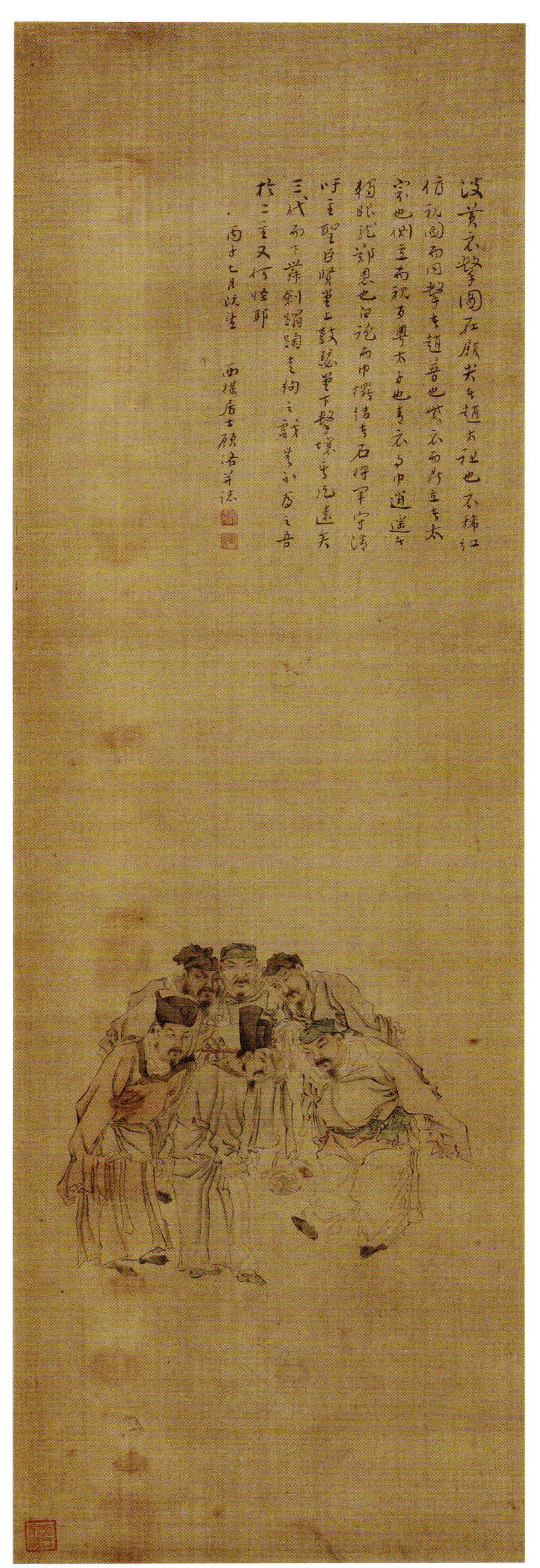

**顾洛君臣蹴鞠图轴**

清代（1616-1911）

四川博物院藏

纵 109 厘米、横 35.8 厘米

## 第二组　白马顿红缨　梢球紫袖轻——马球

马球，又称波罗球，又名击鞠、打毬等，是一种马上击球的竞技游戏。马球运动最早出现于中亚草原，自唐代传入中国，受到各朝皇帝和贵族的推崇。打马球既是一种军事训练的手段，同时也是一种娱乐活动。“百马攆蹄近相映，欢声四合壮士呼”。无论是参加打球还是观看比赛，马球运动都能使人精神振奋。

**马球图摹本**
唐代（618-907）
原件为1971年陕西省乾县章怀太子墓出土
陕西历史博物馆藏
纵225厘米、横277.5厘米

福州马球场介绍

唐宪宗元和八年（813），裴次元担任福州刺史时间，正逢唐帝国战局动荡，特别是元和动乱之际，朝廷屡从各道调兵，福州不论应召还是保境，都须扩大招募和训练，所以就修建了这个兼具军队训练和马球比赛的马球场。球场竣工之时，立《球场山亭记》，记叙了球场修建经过，福州城的风光面貌，也颂扬了刺史治理整顿福州，使之社会安定、经济繁荣的功绩。

**福州球场石碑**
唐代（618-907）
福建省福州市鼓屏路出土
福建博物院藏
长 97 厘米、宽 56 厘米、厚 25 厘米

**胡人打马球俑**
唐代（618-907）
陕西历史博物馆藏
长 33 厘米、高 30 厘米

**打马球雕砖**
宋代（960-1279）
河南博物院藏
长 27.6 厘米、宽 28.2 厘米、厚 4.9 厘米

**打马球雕砖**
宋代（960-1279）
成都体育学院博物馆藏
长 26 厘米、宽 28 厘米、厚 4 厘米

## 第三组　盛以锦囊　击以彩棒——捶丸

捶丸是我国古代以球杖击球入穴的一种运动项目。系由唐代马球演变而来，在宋元时期和明代十分流行。元代宁志斋老人所著《丸经》对捶丸有详细的介绍，也包含了捶丸的运动规则。《丸经》特别强调捶丸是为了培养君子的，是君子之术，所以不设裁判，这和今天的高尔夫球非常相似，而且捶丸还比它早了近 300 年。

**绞胎捶丸**
唐代（618-907）
陕西历史博物馆藏
直径 4.8 厘米

**绞胎球**
宋代（960-1279）
成都体育学院博物馆藏
直径 5 厘米

绞胎球，由两种颜色不同的湿泥入窑烧制。器物圆球形，泥质绞胎，古称捶丸。

**陶球**
宋代（960-1279）
四川博物院藏
直径 4.2 厘米

**陶球**
宋代（960-1279）
四川省邛崃市邛窑遗址出土
四川博物院藏
直径 2.9 厘米

**陶球**
宋代（960-1279）
四川省邛崃市邛窑遗址出土
四川博物院藏
直径 1.8 厘米

**陶球**
宋代（960-1279）
四川省邛崃市邛窑遗址出土
四川博物院藏
直径 3.3 厘米

**陶球**
宋代（960-1279）
四川省邛崃市邛窑遗址出土
四川博物院藏
直径 3.1 厘米

## 第四单元

# 博弈天下 修养人生——棋类活动

▼中国古代的棋类活动，早在商周时期就已开始出现，它们效仿天地运行，模仿军事战争，通过在局上、枰上，或依靠牌局而进行的益智赛巧型竞技，起着开启智慧、娱乐大众的积极作用，因而流传广泛，是广博的中国古代民族传统体育项目的重要组成部分。

## 第一组　仙人揽六箸　对博泰山隅——六博

六博，又作陆博，是中国古代一种掷采行棋的博戏类游戏，因使用六根博箸而得名，以吃子为胜，是很早期的兵种棋戏。春秋战国时期，六博棋成为人们十分喜爱的娱乐活动，到了秦汉时期，博戏更加流行。当时的最高统治者如汉代的文帝、景帝、武帝、昭帝、宣帝都很喜爱博戏。汉代朝廷里设有博侍诏职位，善博的人在社会上享有较高的地位并受到人们的尊敬。

**陶六博俑**

汉代（前206-公元220）

成都体育学院博物馆藏

棋盘长15厘米、宽11厘米、厚0.8厘米；人偶通高10厘米

**绿陶六博俑**

东汉（25-220）

河南省灵宝市张湾汉墓出土

河南博物院藏

长 28 厘米、宽 19.2 厘米、高 24.2 厘米

**仙人六博画像砖**

东汉（25-220）

四川博物院藏

长 45.5 厘米、宽 25 厘米、高 6 厘米

**仙人六博画像砖拓片**
原物为：汉代（前 206- 公元 220）
四川博物院藏
纵 13.5 厘米、横 40.5 厘米

**六博龙马纹边砖**
东汉（25-220）
四川博物院藏
长 37.8 厘米、宽 34.3 厘米、高 8 厘米

## 第二组　纹枰坐对　谁究此味——围棋

围棋古称“弈”，传说尧舜时就“造围棋以教子”，是一种竞赛性的智力游戏。春秋战国时期，围棋已在社会各阶层当中广为流行。据出土资料，汉代的围棋是纵横 17 道，289 子，到了魏晋南北朝时期，改为纵横各 19 道，共 361 子，围棋的基本着法及术语名词大致定型，并建立“棋品”制度，成为现代围棋段位制的渊源。到唐代，围棋的开展更为广泛，棋艺更高，朝廷专门设立“棋待诏”，成为专业围棋手的开端。直到今天，围棋依然是东亚地区十分流行的体育娱乐活动。



### 围棋棋具

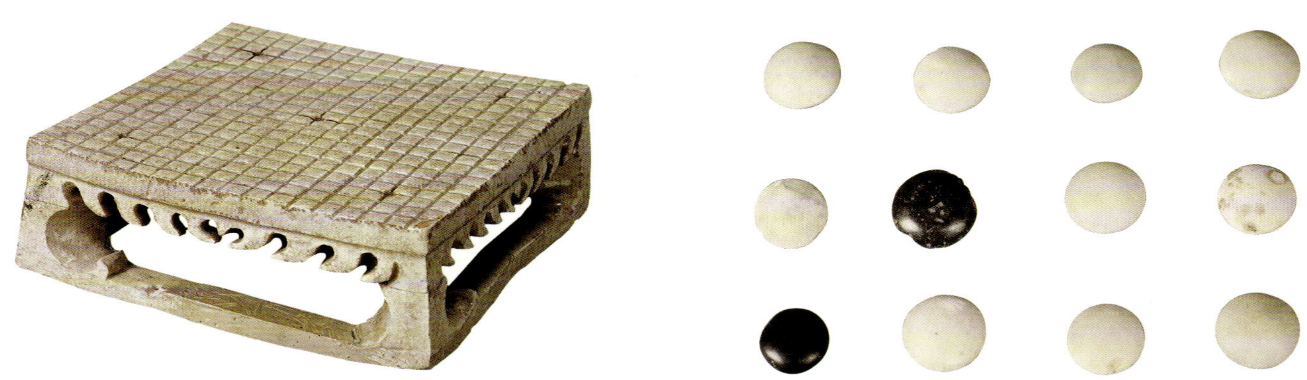

**白瓷围棋盘**
隋代（581 － 618）
河南博物院藏
高 4 厘米、边长 10 厘米

**围棋子**
唐代（618-907）
陕西历史博物馆藏
直径 1.2-1.4 厘米

**龙泉窑豆青釉棋子罐**
元代（1206-1368）
四川博物院藏
口径 9.5 厘米、底径 8.3 厘米、高 9.1 厘米

**围棋罐**
清代（1636-1911）
四川博物院藏
肩宽 17 厘米、高 12 厘米

**高逸图（人物对弈）铜镜**
唐代（618-907）
陕西历史博物馆藏
直径 16.6 厘米

**棋乐图卷**
明代（1368-1644）
河南博物院藏
横 170 厘米

**谢时臣水阁对弈图轴**

明代（1368-1644）

四川博物院藏

画心：纵 180.5 厘米、横 100 厘米；装裱：纵 272 厘米、横 112.5 厘米

**象牙雕醉酒对弈围棋图笔筒**

清代（1616-1911）

四川博物院藏

口径 10 厘米、底径 10 厘米、高 12.9 厘米

**青花人物对弈梅瓶**
清代（1616-1911）
河南博物院藏
口径 4.5 厘米、腹围 32 厘米、高 18 厘米

**青花人物对弈盖罐**
清代（1616-1911）
河南博物院藏
盖径 5 厘米、高 10.5 厘米

**刻匏对弈**
清代（1616-1911）
福建博物院藏
直径 4 厘米

**五彩人物对弈瓷瓶**
民国
陕西历史博物馆藏
口径 10.5 厘米、底径 12 厘米、高 20 厘米

## 第三组　君看橘中戏　妙不出局外——象棋

象棋是古代中国人模拟战争而创造的一种游戏。早在战国时期的楚国已流行象棋。北周武帝对魏晋南北朝时期民间流行的象戏进行总结和改进，著《象经》制定规则及要旨，为象棋定型奠定了基础。至两宋时期，出现与今日体制、规则相同的象棋。南宋象棋棋盘上增加了河界。至明清时期，中国象棋发展已十分成熟。



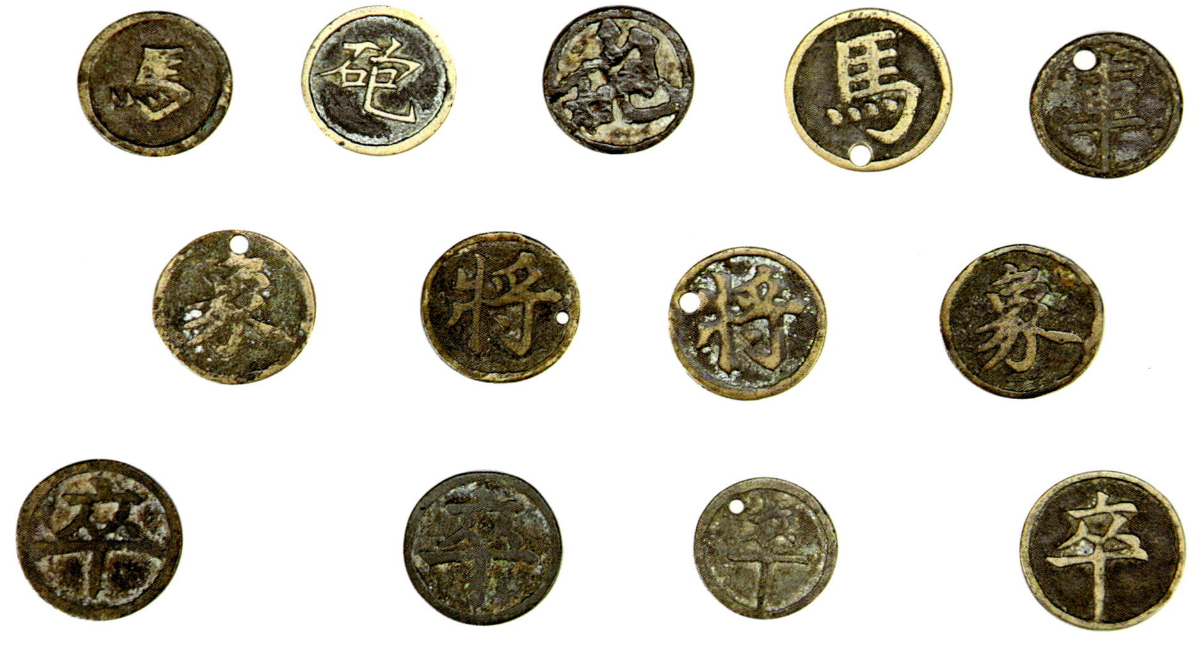


**铜象棋子**
宋代（960-1279）
四川博物院藏
直径 2.3 厘米

**瓷象棋子**

明代（1368-1644）

成都体育学院博物馆藏

直径 3.5 厘米

# 第五单元

# 熊经鸟伸　吐故纳新——养生体育

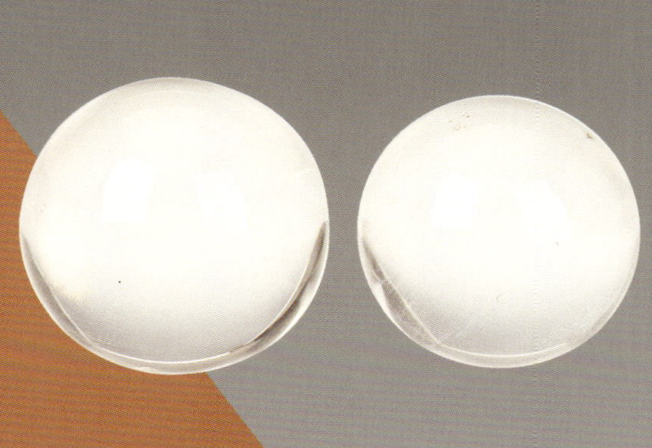

▼中国古代的体育养生，主要是指通过身心运动来追求健康长寿的思想、理论和实践体系。它包括了导引术、行气术以及日常生活保健的一些内容。导引术在理论上强调运动养生，在方法上以肢体运动、呼吸运动和自我按摩相结合，其目的是强身健体、治疗疾病。行气术是中国古代以呼吸运动和精神锻炼为特色的一大类身心锻炼方法的总称。它与导引一起，共同构成了中国古代体育养生学的两大体系。行气与导引的区别是，它更强调在形体的相对静态中进行呼吸运动和精神修炼，以协调和提高人体身心水平，以期健康长寿。

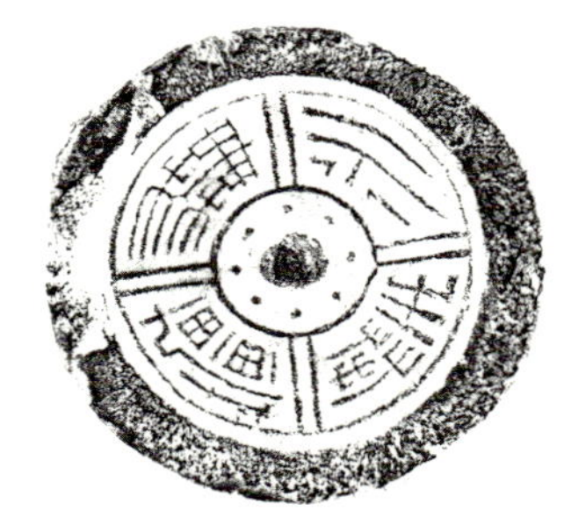

**“永奉无疆”瓦当**
汉代（前 206－公元 220）
四川博物院藏
直径 15 厘米、厚 2.7 厘米

**“万岁”瓦当**
汉代（前 206－公元 220）
四川博物院藏
直径 16 厘米、厚 2.8 厘米

**“延年益寿”瓦当**
汉代（前 206 - 公元 220）
四川博物院藏
直径 19.5 厘米、厚 2.7 厘米

**乐未央瓦当**
西汉（前 206 - 公元 25）
福建省崇安县汉城遗址出土
福建博物院藏
直径 15.8 厘米、厚 1.6 厘米

瓦当是建筑装饰的一种构件，最早出现大约在春秋晚期，而汉代是瓦当工艺发展的鼎城时期，这一时期瓦当做工精细，质朴浑厚，布局讲究，有篆体文字、动物装饰以及各种纹饰等，集绘画、浮雕、工艺美术、及书法于一身，成为中国古代艺术宝库中的一个极具特色的艺术种类。

**灰陶气功舞俑**

西汉（前 206－公元 25）

河南省济源市轵城泗涧沟 M8 出土

河南博物院藏

高 22.5 厘米

灰陶胎，由手、模制作而成型。头结发辫盘髻于顶，鼓腹裸乳，右腿前跨，左腿后蹬，右手伸向前上方，两目注视，全身在用力运气。这件气功俑双腿自然分开扎着标准的马步，四肢粗壮有力，面部表情十分专注、严肃，似乎进入了发功阶段。

**红陶裸体男俑**
西汉（前 206－公元 25）
河南省济源市轵城泗涧沟出土
河南博物院藏
高 13.5 厘米

**水晶球**
明代（1368-1644）
四川省成都市红牌楼明万历墓出土
四川博物院藏
直径 6.8 厘米；直径 5.8 厘米

水晶，圆球形，晶莹剔透，一对，一大一小，其中一球有二小孔，便于穿系。在天然水晶中很难有完全透明、一点杂质都没有的晶体，无色水晶以晶莹美丽、洁净透明而著称。这对水晶球毫无裂纹和包裹体等瑕疵，纯净如水，是极其珍贵的艺术品，也许在当时是一件健身球。如今人们用不同的材质制作成健身球，如铁质、石质、玉质等，在休息散步中手执一对健身球，活动胫骨，健体强身。

**鎏金铁质老子练功坐像**
清代（1616-1911）
成都体育学院博物馆藏
底宽 18 厘米、高 31 厘米

第六单元

# 散乐百戏　忘忧清乐——休闲体育

▼　体育休闲活动，主要指人们在闲暇之际，以身体活动为基本手段、以休闲娱乐为目的社会文化活动，在各时期，各个阶层中均有流行，其内容形式可包括适于文人雅士的百戏、游山、宴乐，适于大众百姓的舞狮、高跷、秋千和蹋毽，适于儿童的鞭陀螺、捉迷藏、骑竹马等。随着历史的发展和古人文化活动内容的多样化，传统的运动休闲类活动形式不断得到丰富和发展，同时，一些新的运动休闲类活动又逐渐被创造出来。因此，这类运动休闲活动在我国古代历史上有着丰富多彩的表现形式，是中华民族传统体育活动的重要内容。

## 第一组　缘竿角抵　跳丸对剑——百戏

百戏是中国古代民间表演艺术的总称，其中包括很多体育表演活动。百戏兴起于秦汉，在发展过程中曾受到西域等地的影响，张骞凿空西域，伴随着丝绸之路，西域各国的百戏表演艺术传到中原大地，并受到人民群众的广泛喜爱。在汉代，皇帝们就曾以盛大的百戏演出招待外国使节宾客和边陲少数民族人士。流风所及，甚至富有的庶民之家也有“倡优奇变之乐”。古代百戏中的体育表演活动内容非常多，其中包括角抵、击剑、扛鼎、跳丸剑、迭案、燕濯等。



### 杂技、倒立陶俑

**红陶倒立俑**
西汉（前 206－公元 25）
河南省济源市泗涧村泗涧沟墓地出土
河南博物院藏
高 10.5 厘米

**铅绿釉杂技俑方台**

东汉（25-220）

福建博物院藏

长26厘米、宽18.8厘米、高5.5厘米

**灰陶尊上倒立俑**
东汉（25-220）
河南省济源市辛庄乡北官庄砖瓦厂出土
河南博物院藏
高 19.3 厘米

**平索戏车画像砖**

东汉（25-220）

河南省新野县任营村出土

河南博物院藏

残长 62 厘米、宽 32 厘米、厚 5 厘米

**七盘舞杂技画像砖**

东汉（25–220）

四川省彭州市太平乡出土

四川博物院藏

长 48 厘米、宽 28.5 厘米、高 5.2 厘米

**杂技舞乐画像砖**

东汉（25–220）

四川省成都市大邑县安仁镇出土

四川博物院藏

长 44.7 厘米、宽 38 厘米、高 6 厘米

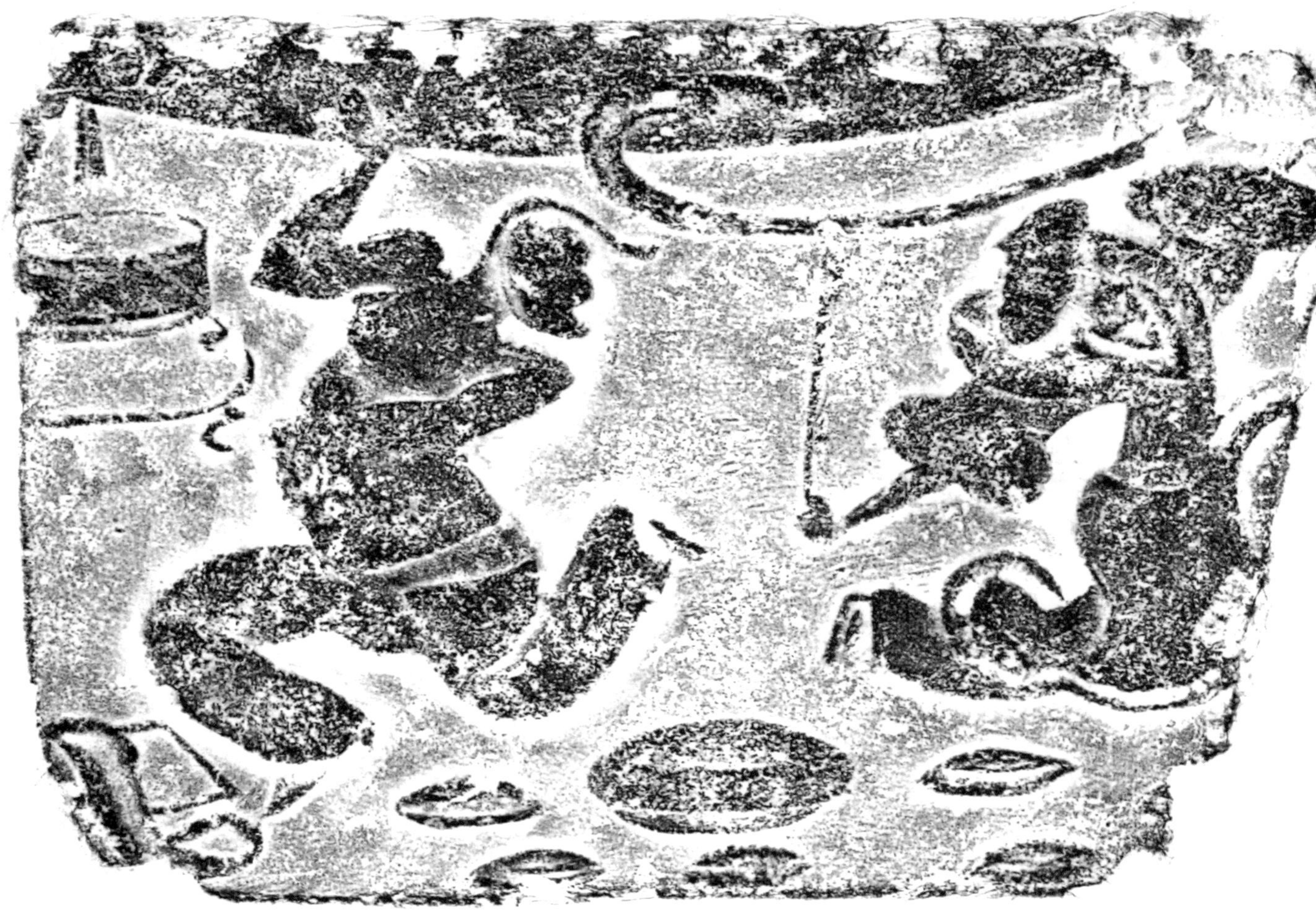

盘舞杂技画像砖拓片

**盘舞杂技画像砖**
东汉（25-220）
四川博物院藏
残长 32 厘米、宽 21.3 厘米、高 6 厘米

**跳丸**
汉代（前 206 - 公元 220）
成都体育学院博物馆藏
直径 8 厘米

**杂技画像石棺拓片**
原物为：东汉（25-220）
四川省泸州市出土
四川博物院藏
纵 69 厘米、横 202.5 厘米

**杂技画像石棺拓片**
原物为：东汉（25-220）
四川省宜宾市出土
四川博物院藏
纵 50.5 厘米、横 102.5 厘米

**百戏赛马画像石棺拓片**

原物为：东汉（25-220）

四川省合江县出土

四川博物院藏

纵 85 厘米、横 245.5 厘米

## 胡旋舞

胡旋舞是由西域康居传来的民间舞,因为在跳舞时需快速不停地旋转而得名。胡旋舞的特点是动作轻盈、急速旋转、节奏鲜明。胡旋舞传入内地后，风靡一时，在宫廷尤为流行，成为最受喜爱的交际舞蹈。长安人人学旋转，学胡舞成一时的风尚。

**胡旋舞石刻门**
唐代（618-907）
宁夏盐池县苏步井乡唐墓出土
宁夏博物馆藏
单扇长 89 厘米、宽 43 厘米、厚 5 厘米

## 角抵

“角抵”是中国古代的摔跤活动。商周时期称为“角力”，是军队的训练科目之一，春秋战国时期“角力”成为上层社会观赏性体育活动。秦汉时称“蚩尤戏”、“角抵戏”等，集竞技、娱乐、表演为一体，魏晋南北朝时角抵发展为摔跤。唐代一般称角抵，宋代习惯称相扑，盛行于民间，且出现了相扑组织与各类比赛活动。明代摔跤沿用唐代旧称“角抵”，清代称为“跤子”。

**相扑石雕**
唐代（618-907）
成都体育学院博物馆藏
长 16 厘米、宽 14 厘米、高 31 厘米

**相扑雕砖**
宋代（960-1279）
成都体育学院博物馆藏
长 23 厘米、宽 20 厘米、厚 10 厘米

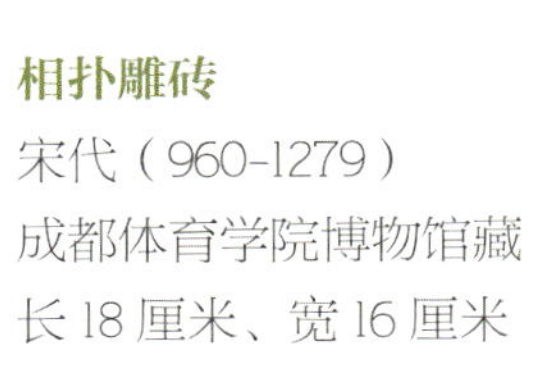

**相扑雕砖**
宋代（960-1279）
成都体育学院博物馆藏
长 18 厘米、宽 16 厘米

**邛窑小儿相扑俑**
宋代（960–1279）
四川省邛崃市邛窑遗址出土
四川博物院藏
高 6.4 厘米

**绿釉相扑男俑**
宋代（960-1279）
河南博物院藏
高6厘米

**力士人物画像砖**
金代（1115 - 1234）
陕西历史博物馆藏
宽 17 厘米、高 16 厘米

**石雕力士支座**
西夏（1038-1227）
宁夏西夏陵区三号陵出土
宁夏博物馆藏
长 61 厘米、宽 62 厘米、高 64 厘米

## 第二组　百子游乐　童趣无限——儿童体育游戏

游戏是古代儿童体育的主要内容。通过各种游戏活动，儿童不仅可以获得身心健康，同时还可以开发智力，促进全面发展，因此受到政府和民间的重视。早在西周时期，政府针对各个年龄段孩子制定出不同内容的教育课程，《礼记·内则》载“十有三年学乐、咏诗、舞勺，成童，舞象、学射、御”。儿童体育游戏包括从文舞、武舞到射箭、驾车等诸多内容。随着历史的发展，儿童体育游戏不断增多，包含有竹马、藏钩、秋千、斗草、踢球、放纸鸢、蹴鞠等各种项目和运动形式。

**童戏俑**
唐代（618-907）
陕西省西安市长安区首帕张堡村出土
陕西历史博物馆藏
长 2.5 厘米、高 3 厘米

**三彩婴戏图枕**
宋代（960-1279）
河南博物院藏
横 48.8 厘米

**青白釉印花婴戏芒口碗**
宋代（960-1279）
福建博物院藏
底径 4.8 厘米、口径 17.3 厘米、高 5.7 厘米

**青白釉印花婴戏芒口碗**
宋代（960-1279）
福建博物院藏
底径 5 厘米、口径 17.3 厘米、高 5.7 厘米

**婴戏铜镜**
元代（1206-1368）
河南博物院藏
直径 18.2 厘米

**青花婴戏高足碗**
明代（1368-1644）
河南博物院藏
口径 16.5 厘米、高 11 厘米

**青花婴戏碗**
明代（1368-1644）
河南博物院藏
口径 17.5 厘米、高 7.6 厘米

**青花婴戏纹碗**
明代（1368-1644）
福建博物院藏
底径 5 厘米、口径 14.5 厘米、高 6.1 厘米

**青花婴戏碗**
清代（1616-1911）
河南博物院藏
口径 15.2 厘米、高 7.5 厘米

**青花婴戏碗**
清代（1616-1911）
陕西历史博物馆藏
口径 15.5 厘米、高 7.5 厘米

**青花婴戏罐**
清代（1616-1911）
河南博物院藏
口径 4.5 厘米、腹围 36 厘米、高 13 厘米

**粉彩婴戏鼻烟壶**
清代（1616-1911）
河南博物院藏
最宽 5 厘米、高 5.5 厘米

**黄釉绿彩婴戏碗**
清代（1616-1911）
河南博物院藏
口径 15 厘米、底径 6 厘米、高 6.5 厘米

**婴戏碗**
清代（1616-1911）
陕西历史博物馆藏
口径 22 厘米、高 8.5 厘米

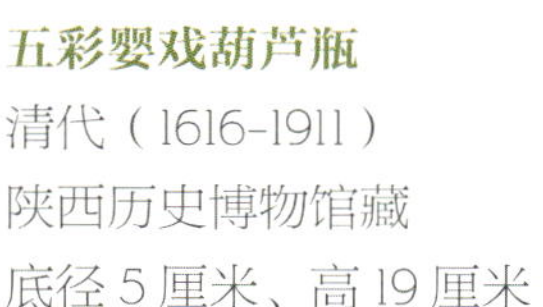

**五彩婴戏葫芦瓶**
清代（1616-1911）
陕西历史博物馆藏
底径 5 厘米、高 19 厘米

**婴戏觚**
清代（1616-1911）
陕西历史博物馆藏
高 46 厘米

**百子图**
民国
成都体育学院博物馆藏
纵 136 厘米、横 73 厘米

# 编后记

2015年10月，全国首届青年运动会在福建省福州市隆重举行，由中国文物交流中心、福建博物院、四川博物院、成都体育学院博物馆发起，为配合青运会在福州举办了“博·戏——中国古代体育文物展”，得到了多家文博单位的响应。经过多方努力，展览于2015年10月17日顺利开展。这是继南京青奥会和鄂尔多斯民运会后，我国又一次配合大型赛事，由体育界和文博界跨界合作举办的中国古代体育文物专题展览。

本次展览的筹备开始于2015年5月，福建博物院、四川博物院、成都体育学院博物馆三家单位的策展人在福州召开了策展协调会。会议对展览的主题与定位、意义和内容、各单位分工等问题进行了讨论，明确了以“中国历史上的体育与教育”为展览的主题，参与单位包括中国文物交流中心、福建博物院、四川博物院、河南博物院、陕西历史博物馆、宁夏博物馆、鄂尔多斯博物馆、成都体育学院博物馆，共8家单位，并决定由四川博物院的谢丹主任和成都体育学院博物馆的郝勤馆长负责展览提纲和文物筛选。

在去年南京展览和今年鄂尔多斯展览的基础上，本次展览重点对福建博物院、四川博物院等馆体育文物进行了筛选，由郝勤馆长指导确认了清单。与此同时，各馆策展人多次对展览提纲、文本、文物等内容进行了细致的研讨，不断完善展览文本和充实展品。福建博物院策展人则根据展览内容，制定了形式设计方案。

配合展览，出版了《博·戏——中国古代体育文物展》图录。四川博物院谢丹主任规划统筹该书的体例、论文和文物选择；各馆策展人及相关工作人员积极提供文物图片和文字说明；成都体育学院博物馆郝勤馆长对图录的主题综述、研究文章、文物说明文字等内容进行把关和修改。译林出版社、南京博书堂文化有限公司承担了本书的编辑、排版、印刷等一系列工作。

在本书即将付梓之际，我们十分感谢为此次展览付出过辛勤劳动的下列策展人和其它工作人员：福建博物院吴志跃、陈淑、龚张念、张焕新、林丹、林林、汪震、邱新宇、陈梓生、曾凌颂；中国文物交流中心王军、周明、孙鹏；四川博物院盛建武、谢志成、谢丹、谢凌、高晓燕、卢玥颖、魏崴；成都体育学院博物馆郝勤、孙淑慧、宋秀平、李杨、高潇；河南博物院田凯、李琴、牛爱红；陕西历史博物馆成建正、贺达、魏博、胡薇；宁夏博物馆李进增、李海东；鄂尔多斯博物馆窦志斌、李锐、张二军、乔智。

最后感谢所有关心此次展览和图录出版的各位同志。谢谢大家！